챗GPT와 문화권력의 변화

인공지능총서

인공지능 시대입니다. 기계가 인간의 인지를 대신하고, 사물이 인간을 통하지 않고 다른 사물과 직접 커뮤니케이션합니다. 이에 따른 인간 삶과 문명 변화를 정확히 이해·예측·대응하는 것은 이 시대 우리 모두의 과제입니다. 인공지능총서는 인공지능 기술과 환경의 여러 주제를 10가지 키워드로 정리합니다. 관련 개념과 이론, 학계와 산업계의 쟁점, 우리 일상의 변화를 다룹니다. 인간과 기술의 현재, 미래를 세심히 분석합니다.

일러두기

- 인명, 작품명, 저서명, 개념어 등은 한글과 함께 괄호 안에 해당 국가의 원어를 병기했습니다.
- 외래어 표기는 현행 어문규정의 외래어표기법을 따랐습니다.

처음이세요?

전문가세요?

챗GPT와 문화권력의 변화

박창호

대한민국, 서울, 커뮤니케이션북스, 2025

챗GPT와 문화권력의 변화

지은이 박창호
펴낸이 박영률

초판 1쇄 펴낸날 2025년 3월 1일

커뮤니케이션북스(주)
출판 등록 2007년 8월 17일 제313-2007-000166호
02880 서울시 성북구 성북로 5-11
전화(02) 7474 001, 팩스(02) 736 5047
commbooks@commbooks.com
www.commbooks.com

ISBN 979-11-7307-302-1 03500

책값은 뒤표지에 표시되어 있습니다.

차례

챗GPT와 자유의지 vii

01 기술의 진화와 인간 욕망 1

02 권력과 지배의 개념 11

03 권력의 대칭화 21

04 탈정치화된 권력 31

05 문화 지배와 기술 41

06 사이버 파워 51

07 생성형 AI와 사회 변화 61

08 챗GPT의 혁명 71

09 행위자-연결망 이론의 관점에서 본 챗GPT 81

10 문화권력으로서 챗GPT와 미래 91

챗GPT와 자유의지

챗봇의 진화

챗GPT는 '오픈AI'사가 개발한 인공지능 챗봇이다. 챗봇은 음성 혹은 문자로 사람과 대화를 할 수 있는 프로그램이다. 사람과 대화하는 챗봇 자체는 익숙한 서비스로 애플의 '시리', 아마존의 '알렉사', 삼성의 '빅스비' 등 이전에도 있었다. 그러나 챗GPT는 인간과 자연스럽게 대화하는 형식의 작업 수행으로 상호작용에 월등한 능력을 보였다. 챗GPT가 주목을 받은 것은 2023년 11월 공개된 GPT-3.5의 등장 이후다. 챗GPT는 사람의 말귀를 알아듣는 것처럼 반응이 빠를 뿐만 아니라 지식의 정도가 다재다능할 정도로 폭넓게 보였다. 챗GPT가 똑똑하게 보이는 이유는 매개변수의 규모를 키웠을 뿐만 아니라 생성형AI 기술에 기반해 질문자의 상황과 맥락을 감지하고 그에 맞추어 답을 주기 때문이다.

챗GPT는 누구나 전문적인 기술이 없이도 사용 가능하다는 것이 우선 매력적이다. 일상의 궁금증을 주저함 없이 단번에 풀어 주려는 것도 장점이다. 챗GPT의 등장은 정보 검색의 패러다임을 바꾸었다. 검색창은 원하는 자료가 나올 때까지 몇 번의 과정을 거치지만 챗GPT는 즉각적으로 대화하듯 응대한다. 새로운 버전으로 2024년 5월에 나온 챗GPT-4o는 텍스트를 넘어 음성과 이미지까지 실시간으로 분석 추론해 인간처럼 자연스러운 대화를 가능하게 했다. 특히 반응 속도에서 마치 사람과 비슷하게 평균 320밀리초(0.32초) 간격으로 답한다. GPT-3.5버전에서 2.8초, GPT-4버전에서 5.4초였던 것과 비교하면 놀라운 발전이다.

프롬프트 창에 던진 질문을 순식간 일사천리로 답하는 챗GPT의 소통 기술은 챗GPT를 인간 너머의 도구가 아니라 인간과 연결된 행위 실체로 생각하게끔 한다. 더구나 챗GPT는 정보를 제시하는 게 아니고 머신러닝과 인공지능 기술로 인간 친화적인 답변을 내놓는다. 인간과 연결된 실체처럼 반응하는 챗GPT는 등장 닷새 만에 사용자 수 100만 명을 돌파했다. 최신 버전은 사람들의 일상적 삶에 미치는 영향을 더욱 확대했고 지배력도 높였다. 생성형 AI에 기반한 기술은 사람들의 기호, 감정, 욕구에 맞춰 시나 논문을 써 주기도 하고, 연애 상담과 인생 상담도 받아주며, 비즈니스 모델을 개발해 주기도 한다.

챗GPT는 행위 능력을 가진 실체로 인간과 상호작용하는 기술이다. 챗GPT는 인간과 따로 노는 기술이 아니라 인간과의 연결망 속에서 실제 세계를 구성하는 인간의 카운터파트다. 이로 인해 실제 세계가 인간과 비인간이라는 네트워크를 이루며 인간은 더 다양한 경험을 하게 될 것이라는 전망이 낯설지 않다. 사회 현상을 이끄는 행위자의 분석에서 인간에게만 한정된 행위자의 개념을 넓혀 과학과 기술도 비인간 개체로 인간 행위자와 같은 행위 실체로 봐야 한다는 주장이 있다. 바로 행위자-연결망 이론(Actor-Network Theory)이다.

행위자-연결망 이론은 비인간 개체인 과학과 기술을 행위자로 인정해야 하며, 인간과 비인간 모두 행위성에는 근본적인 차이가 없다고 본다. 이 이론은 인간의 행위성에만 관심을 가졌던 근대의 사회과학에 반기를 드는 것으로 기술도 비인간 개체로 행위자임을 분명히 한다. 이러한 행위자는 스스로 행위를 하거나 타자에 의해 행위성이 부여된 그 어떤 것도 가능하다. 행위자-연결망 이론의 관점에서 챗GPT는 인간과 네트워크화된 기술로 비인간 행위자다.

행위 능력

챗GPT는 단순히 인간 행위자와의 상호작용 도구가 아니라 정보 생산과 지식 형성, 의사 결정을 유도하는 행위자다. 특히 행위자-연결망 이론은 인간과 비인간이 연결망 내에서 동등한 행위자로 작용한다고 주장한다. 이에 비추어 본다면 비인간 개체인 챗GPT가 생성한 응답은 인간 행위자의 행동에 영향을 줄 수 있으며, 반대로 인간 행위자의 질문 입력은 딥러닝 기술이 작동해 상황에 맞는 챗GPT의 응답을 유도한다는 점에서 상호 간 힘으로 역학관계를 이룬다. 이러한 동등한 지위로서의 상호작용은 인간과 기술의 연결망에 힘의 균형을 맞추며 일방적이지 않다는 점에서 지속성을 유지하는 구조가 될 수 있다.

챗GPT의 행위 능력은 여타 기술과 달리 질문자의 상황과 맥락에 따라 답변을 하는 능동적 모습을 보인다. 이러한 능동적 모습은 기술이 진화하며 더 나은 행위 능력으로 발전하고 있다. GPT-4의 등장은 이전 GPT-3.5보다 강력한 툴로 사진이나 영상 이미지를 인식해 다양한 수준의 퍼포먼스를 보여준다. 이미지 추론 능력이 향상되어 의약품 사진을 올리면 약의 성분과 활용법을 제시한다. 냉장고 속 사진을 인식해 자동으로 다양한 요리법을 안내한다. 기억력도 개선되어 GPT-3.5가 최대 3,000단어를 처리하는 데 비해 GPT-4는 약 2만 5,000단어까지 처리할 수 있으며, GPT-3.5가 대화시 4~5페이지를 기억한다면 GPT-4는 50페이지까지 기억한다. 실제로 GPT-4는 미국 변호사 시험 상위 10%의 능력을 보여 주었다. 이전의 GPT-3.5가 하위 10%의 능력을 보여 준 것에 비하면 엄청난 능력이다.

오픈AI사는 챗GPT의 API(Application Programming Interface)를 공개하면서 운용 능력의 범위를 넓혔다. API 공개는 외부 개발자, 기업, 연구자가 자신의 응용 프로그램, 비즈니스, 연구 등에 챗GPT 모델을 쉽게 통합하고 활용할 수 있게 만들었다. 오픈AI사의 API 공개는 챗GPT가 온라인만이 아니라 오프라인의 정치, 경제, 교육, 비즈니스, 레저 등에도 영향을 미칠 수 있게 했다. 인공지능의 기술이 여러 영역에 응용된다는 것은 삶의 곳곳에 영향을 미쳐 인간 행위자의 능력과 나란한 힘으로 자리할 가능성이 그만큼 높아진다는 의미다.

실제로 챗GPT는 비인간 행위자로 행위 능력을 갖고 특정한 형태의 권력을 행사한다. 챗GPT의 권력은 질문에 대한 빠른 답변인 정보의 생산과 제공을 통해 이용자의 생각, 지식, 이념에 미치는 상호작용의 힘에서 나온다. 챗GPT와의 즉각적인 상호작용은 이용자에게 필요한 정보의 생산을 이끌고 이용자의 행동을 유도하거나 변화시킬 수 있다. 이는 인간과 기술의 행위 실체들이 서로 영향을 주고받는 관계에서 나타나는 능력이다. 권력에 대한 전통적인 접근은 단순히 강압적이거나 명령적인 힘에 의한 것이었지만 새로운 권력은 인간과 상호작용하는 기술의 지배 가능성을 높이는 가운데서 나타난다. 우리가 대화형 인공지능 챗봇인 챗GPT를 일상적 삶의 영역에 펼치는 지배력으로 이해한다면 그 자체로 권력이다.

챗GPT가 드러내는 권력은 대체로 다음과 같은 방식이다. 우선 챗GPT는 '지식권력'을 갖는다. 이는 방대한 데이터의 학습된 정보로 이용자가 알지 못했던 새로운 정보와 관점을 제시한다. 또한 챗GPT는 '의사 결정의 권력'을 갖는다. 이용자가 선택하는 행동이나 결정을 유도하는 데 중요한 영향을 미친다. 마지막으로 챗GPT는 '인간-기술 연합체의 권력'을 갖는다. 특정 알고리즘에 의해 작동되는 기술은 챗GPT와 인간이 어떻게 상호작용할 수 있는지를 제한하거나 구조화할 수 있다. 이는 행위자-연결망 이론에서처럼 비인간 개체로 행위 능력을 지닌 구조 속에서 인간에게 미치는 힘으로 가정하면 분명해진다.

챗GPT의 등장은 인간의 틀 안에서만 생각해 오던 권력과 지배의 개념을 탈피하게 한다. 인간 간에 일어나는 소유나 배제가 아니라 인간을 둘러싼 환경적인 제도와 관계에서 권력을 봐야 한다. 정통 사회학자인 막스 베버(Max Weber)는 권력을 인간의 관점에서 자신의 의지를 실현하는 지배력으로 바라보았다. 자원에 대한 접근과 배제를 정당화하는 것도 권력에서 비롯된다고 한 것을 보면 그는 권력을 철저히 소유의 관점에서 이해하고자 한 것이다. 그나마 미셸 푸코(Michel Foucault)는 권력을 관계의 측면에서 보았다. 권력은 한 집단이 다른 집단에 대해 억압하는 체계를 의미하는 것이 아니라, 사회의 운용 안에 내재하는 복합적인 역학 관계에서 이해되어야 한다는 것이다.

인터넷의 기술을 권력과 연결해서 생각해 보면 특정한 자원에 접근할 수 있는 액세스에 대한 주장은 베버식 권력이지만, 정보를 처리할 수 있는 기술적인 제도상의 영향력은 푸코식 권력이다. 권력을 소유가 아닌 제도나 관계에서 본다면 우리는 개인의 행위를 권력으로 가능하게 하는 여러 조건(제도)들도 함께 생각해야 한다. 인공지능 기술이 사람들의 능력을 한층 높여 주고 있다는 사실은 이러한 조건에 포함된다. 따라서 권력을 주체의 문제가 아닌 제도의 문제로 보는 것은 인공지능 시대의 권력을 이해하는 첫걸음이다. 이러한 제도에 기술의 힘은 점점 커지고 있으며, 일상에서 기술의 개입을 권력으로 받아들이게 된다.

문화적 서사를 만드는 기술

기술이 개입해 미치는 영향은 정치적, 경제적 권력과 다른 일종의 문화권력이다. 기술은 문화적 서사(narrative)의 의미를 형성하고 전파하는 강력한 도구다. 기술은 정보와 지식을 생산하고 통제하는 측면에서 문화권력의 중요한 기제다. 특히 인쇄술, 라디오, 텔레비전, 인터넷과 같은 미디어 기술은 우리를 둘러싼 정보와 이야기를 혁신적으로 바꾸었다. 문화적 서사가 어떻게 생성되고 전파되는지가 기술에 의해 달라졌다. 기술을 통한 서사의 형성과 전파에 권력의 생산자와 수용자의 위치가 점점 모호해지면서 지배 질서의 구조는 달라졌다. 기술은 소수 엘리트나 합법적 정당성을 지닌 집단만이 권력을 행사하는 것을 넘어 다원주의적 권력관을 낳게 한다. 따라서 기술에 의한 문화권력은 권력의 분산을 이끌고 지배-피지배라는 비대칭화를 탈피한다.

기존 문화권력이 문화나 예술에 종사하는 특별한 재능을 가진 문화 생산자에 초점을 두었다면, 일반 사람들 누구나 접할 수 있는 진화된 기술 환경은 기득권이 누리던 독점적 문화권력을 깨트리는 권력의 분산을 이루게 했다. 가령 소셜미디어 기술을 이용한 활동에서 특정한 이슈를 재현하는 능력인 상징권력은 누구나 가질 수 있다. 상징권력을 카리스마적 지위처럼 누리며 특정한 능력을 보이는 스타나 인플루언서도 있지만 많은 사람들은 언제나 그런 위치에 다가갈 수 있는 열린 기회를 갖는다는 점에서 권력 구조는 다원화를 이룬다. 이러한 권력의 모습에 기술은 중요한 매개다.

어떤 기술을 사용하는가 하는 것은 권력자 못지않게 중요하다. 권력자의 도구로 이용된 기술이 그 자체 권력으로 작용하는 새로운 환경이 되면서 이제 권력으로서 인공지능 기술을 생각하게 된다. 그전에 인공지능이 인간 세계와 어떻게 융합할 수 있을지에 대한 고민들이 있었다. 이는 인공지능이 인간 삶에 미치는 영향에 관한 문제다. 인공지능은 딥러닝이라는 기계학습에 바탕한 기술로 인간과의 상호작용으로 능력을 드러낸다. 이러한 능력에 대부분 긍정적 시각을 보이면서도 알 수 없는 불안감이 있다.

스튜어트 러셀(Stuart J. Russell)은 『어떻게 인간과 공존하는 인공지능을 만들 것인가: 통제 문제(Human Compatible: Artificial Intelligence and the Problem of Control)』에서 인공지능이 인간과 협력적인 관계 속에서 인간의 선호를 이해하도록 상호작용하는 방식으로 그 성능을 기대한다. 그러나 인공지능이 인간의 이익이나 윤리적 고려를 무시하면 잠재적인 위험이 될 수 있다고 지적한다. 맥스 테그마크(Max Tegmak)도 『Life 3.0: 인공지능이 열어갈 인류와 생명의 미래(Life 3.0: Being Human in the Age of Artificial Intelligence)』에서 인공지능이 스스로 자신을 재설계하고 개선하는 능력을 지니고 있어서 우리는 운명이 아닌 노력으로 미래를 맞이해야 한다고 주장한다. 인공지능에 대한 기술의 잠재력을 최대한 활용하면서도 위험을 줄이기 위해 우리가 어떤 준비와 노력이 필요한지를 지적한 것이다.

맞춤형 챗봇 판매

챗GPT와 같은 인공지능 기술은 일단 인간 친화적으로 받아들여지고 있다. 챗GPT는 다양한 영역에 이용되면서 이제 생성형 AI에 기반한 대화형 인공지능 기술의 대명사가 될 정도로 익숙해졌다. 오픈AI는 2024년 1월 10

일 GPT스토어를 공개했다. GPT스토어는 사용자들이 다양한 AI 모델을 검색하고 활용할 수 있도록 하는 디지털 스토어다. 이 플랫폼에서 사용자는 자신의 필요에 맞는 맞춤형 AI 모델을 선택할 수 있다. 여기서 제공되는 AI 모델들은 제작 도구 GPTs로 만들어진 챗봇 중 심사를 마친 제품으로 사용자의 목적에 따라 판매된다.

GPT스토어가 공개된 지 1주일도 되지 않아 거래되는 챗봇의 제품이 8만 8천여 개나 되었다. GPT스토어는 플랫폼에 이용하기 쉽도록 이미지 생성, 코딩, 리서치, 교육, 번역 등 여러 분야로 분류되어 있다. GPT스토어의 인기 챗봇으로는 리서치 분야의 '컨센서스'와 학업과 취업에 도움을 주는 '생기부(생활기록부) 생성기', '면접관봇'이 있다. 리서치 챗봇은 2억 개의 학술자료를 기반으로 연구에 적합한 내용을 즉시 알려 주고, 생활기록부 생성 챗봇은 대학 합격을 위해 필요한 내용을 30초 만에 작성해 준다.

GPT스토어에서 이용할 수 있는 챗봇은 특정 작업을 수행하거나 특정 주제를 다루도록 설계된 맞춤형 모델들이다. GPT스토어는 챗GPT 활용으로 생성형 AI 기술이 인간 세계와 어떻게 융합할 수 있는지를 보여 준다. 챗GPT 활용의 급속한 확대는 사람들의 사고방식과 행동 양식에 영향을 주어 인간의 자유를 위협할 정도로 선택권을 제한할 수 있다. 이는 기술의 인격화된 권력에 뒤따르는 문제로 챗GPT에 대한 경계심을 일으킬 수 있다. 챗GPT의 경계론은 모든 사람들에게 장기적으로 미칠 숙제이면서 가장 거대한 권력으로 등장할 기술을 다루는 방식에 대한 고민이다.

이러한 고민은 인공지능이 우리에게 던지는 문제다. 이스라엘 역사학자, 유발 하라리(Yuval N. Harari)는 인공지능이 위험한 이유를 세 가지로 정리한다. 허위 정보에 의한 탈진실 현상의 심화, 기술 구조에 대한 근본적 설명 불가능, 위임받지 않는 집단의 거대 권력 행사다. 하라리의 관점에서 챗GPT의 문제를 다룬다면 다음과 같다. 첫째, 챗GPT는 허위 정보를 진짜처럼 묘사하는 환각 현상을 일으킬 수 있다. 둘째, 챗GPT는 수많은 매개변수를 활용하는 딥러닝 기술로, 인간의 인지 능력을 넘어서는 영역이기 때문에 통제가 불가능해질 수 있다. 셋째, 챗GPT는 위임받지 않은 기술과 매개변수들을 절차 없이 행사하는 것에서 문제가 있을 수 있다.

하지만 이러한 것들로 인해 기술적 진보 자체를 반대하는 네오-러다이즘(Neo-Luddism)으로 발전하지 않을까 하는 생각은 지나칠 수 있다. 챗GPT의 문제를 인지할 수록 우리는 이를 극복하기 위해 기술 자체보다는 기술을 대하는 인간의 자세에서 접근해야 한다. 과학기술에 대한 비관론적 입장으로 기술의 발전을 늦추거나 중지하기에는 우리 삶에 챗GPT가 개입하는 영역이 너무나 커져 버렸기 때문이다.

경계론의 극복

챗GPT에 대해 제기되는 위험과 우려는 비인간 개체인 기술의 영향력이 커지면서 챗GPT의 실행과 결과에 인간 행위자들이 익숙해진다는 사실이다. 챗GPT에 익숙해져서 인간의 호응을 되돌릴 수 없을 때 생기는 기술의 무책임을 경계해야 한다. 챗GPT를 통해 알게 된 우연의 정보(알 수 없는 알고리즘의 매개로 나온 정보)를 누가 책임지는가 하는 것이다. 챗GPT는 어떤 질문과 요구에도 응대하는, 사전에 '모른다'가 없는 대화형 챗봇이다. 챗GPT는 모든 매개변수와 알고리즘을 동원해 정교한 답변을 제공하지만, 이를 증명하는 데 한계를 보이며 정확도에서 결점을 드러낸다. 가짜 뉴스, 가짜 논문이 버젓이 등장하고 이를 진실의 이름으로 뒤덮어 버리면 잠재적 위험은 훨씬 커진다. 우리가 인공지능의 이런 결과들을 예측한다면 챗GPT의 경계론은 자연스럽게 나오는 것이다.

그러나 이러한 경계론을 극복하자는 주장이 있다. 기술의 사회적 결과를 결정하는 기술결정론보다는 생성 AI에 기반한 챗GPT의 문제를 인간 자체에 두자는 것이다. 기술을 인간과 동시에 이해하는 방식이 필요하다. 여기서 행위자-연결망 이론은 기술에 대한 낙관론과 비관론이라는 양극단의 호의와 우려를 벗어나게 하는 좋은 관점이 될 수 있다. 기술의 사회적 결과는 기술 자체가 결정하는 것이 아니라 해당 기술과 연결되는 수많은 인간과 비인간 개체의 연결된 행위에 따라 변할 수 있다. 즉 인간 행위자와 기술이 어떻게 결합하는가에 따라 달라진다.

결국 기술에 대한 경계는 인간의 문제로 인간이 해결한다는 것을 전제한다면 챗GPT는 그에 맞춰 진화할 것으로 기대된다. 챗GPT가 제한된 선택으로 준 답들이 인간의 자유를 위협했다면 그 자유를 찾는 기술도 인간의 몫이다. 영국의 사회학자 지그문트 바우만(Zygmunt Bauman)은 자유란 최고의 것을 나머지 것들로부터 분리하는 데서 나온다고 했다. 그래서 자유를 얻는다는 것, 즉 자유로워진다는 것은 하나의 사회적 조건에서 다른 사회적 조건, 즉 열등한 조건에서 우월한 조건으로 상승

하는 것이라고 보았다. 또한 자유로워진다는 것은 타인의 의지에 의존하는 행위에서 자기 자신의 의지에 의존하는 행위로 변화하는 것이라고 했다.

언뜻 제한된 선택으로 인간의 자유를 위협하는 것처럼 보이지만, 챗GPT는 상황에 맞는 답변을 생성형 AI의 머신러닝으로 제공하면서 인간의 갈급함을 채워 준다. 인간 의지가 실린 욕망을 최대한 충족하려 애쓰는 인공지능 기술은 자유의지를 제한하는 방향이 아니라 그 반대일 수 있다. 챗GPT의 정보가 제한된 선택처럼 보이는 것은 알고리즘의 기술을 확신하는 인간의 판단에서 나온 것이지, 우리의 생각과 행동을 기술에 맡겨 빚어진 자율성의 감소를 의미하는 것은 아니다. 오히려 인간의 능력을 보완하고 향상시킨다는 점에서 챗GPT는 우리를 자유롭게 한다. 인간의 의지를 실현하는 기술로 챗GPT를 이해한다면 오히려 하나의 특권으로 자유의지가 확대된 인공지능의 시대를 맞이할 수 있을 것이다.

01
기술의 진화와 인간 욕망

기술은 인간 의지와 결합해 필요 이상으로 발명되고 진화한다. 인간 의지의 산물로 등장한 기술들은 '발명이 필요의 어머니'라는 말로 이해할 수 있을 만큼 많은 양태로 존재한다. 사회구성주의 입장에서 기술의 진화는 사회의 안정화와 연관되어 있으며, 나아가 인간의 욕망을 충족하기 위해 계속된다.

AI와 1인 창업?

기술진화론

기술은 생물과 유사한 방식으로 진화한다는 이론이 기술진화론(Technological Evolution Theory)이다. 기술진화론은 기술 발전이 자연선택, 변이, 경쟁 등의 메커니즘에 영향을 받는다는 주장을 펼친다. 기술이 생존하고 널리 퍼지는 과정에서 시장, 사용자의 요구, 규제 등 여러 외부 요인에 의해 선택된다는 것이다. 기술은 변화하는 환경에 적응해야 살아남는다. 여기에는 비용 효율성, 사용자 편의성 등 다양한 기준이 작동한다. 기술이 존속하고 발전하기 위해서는 환경 변화뿐만 아니라 사용자의 피드백, 경쟁 기술의 등장에 대응해 우위를 점해야 한다. 이런 과정에서 기술 발전은 기존 기술을 바탕으로 하며, 시간이 지남에 따라 점진적인 혁신을 이루게 된다. 곧 기술의 진화는 기존 기술의 변형이나 개선 속에서 가능하다.

생물의 진화에서 자연선택에 의한 이론을 제시한 찰스 다윈(Charles Darwin)은 『종의 기원(The Origin of Species)』에서 신의 계시인 창조적 마인드를 알 수 없도록 한 종(Species)에 대한 비밀을 진화의 패턴으로 풀어가고자 했다. 다윈과 마찬가지로 기술의 등장과 진화를 생물 진화에 빗대어 설명하는 학자들이 있다. 이들은 수많은 대안적 기술이 변종처럼 등장하고 인간 사회에 선택되어 살아남거나 조그마한 변이를 축적하면서 새로운 기술로 분화해 발전하는 것을 생물학적 진화이론과 유사한 방식으로 설명한다. 이들이 다윈의 주장으로부터 도움을 받고 있음은 분명하다. 『이기적 유전자(The Selfish Gene)』를 쓴 리처드 도킨스(Richard Dawkins), 『기술의 성격(The Nature of Technology: What It is and How It Evolves)』을 쓴 브라이언 아서(W. Brian Arthur), 『기술의 진화(The Evolution of Technology)』를 쓴 조지 바살라(George Basalla) 등이 기술진화론자들이다.

다만 기술 진화가 생물 진화와 차이나는 점은 기술은 인간의 의지와 상상이 개입된다는 사실이다. 새로운 기술의 등장은 인간이 현재와는 다른 무언가를 만들어 변화를 일으키고자 하는 의지의 작동으로 가능해진다. 다윈은 생물 진화에서 작은 변이들이 축적되어 새로운 종으로 서서히 발현하는 데는 오랜 시간이 필요하다는 뜻에서 시간의 손(hand of time)이란 표현을 썼다. 하지만 기술 진화는 인간의 상상과 꿈을 담은 의지의 손(hand of will)이 작동하고 있다. 인간 의지가 혁신 기술을 낳는 데 결정적인 역할을 한다는 의미다. 기술 축적과 변이로 등장하는 새로운 기술은 의지에 의한 것이지 전적으로 필요에 의해서만 발명되는 것이 아니라는 뜻이다.

기술과 인간 의지

바살라는 『기술의 진화』에서 '필요는 발명의 어머니'란 말이 그저 통념에 불과하다고 했다. 기술 혁신이 단순히 필요에 의해 발생하는 것이 아님을 강조한다. 새로운 기술의 개발은 호기심, 우연, 취미 또는 사회적, 문화적 요인 등 복잡성을 띠고 있기 때문에 오직 필요에 의해서만 추진되지 않는다는 것이다. 어쩌면 기술은 필요한 만큼 발명되는 것이 아니라 그 이상의 발명에 집착함으로써 인간 의지를 반영하고 있다. 19세기 중엽 산업 중심지인 영국 도시에는 망치의 종류가 500종이었고, 미국의 굴뚝 불꽃 장치는 1,000여 종이었다. 인간은 필요 이상으로 발명에 집착한다. 휴대폰도 커뮤니케이션 도구의 필요성으로 생겨났지만, 지금은 다양한 기술로 수많은 기능을 탑재한 스마트폰으로 진화했다.

스마트폰의 카메라 화소를 1,000만 화소로 늘려야 할 필요가 있는가 하는 물음은 기술진화론의 입장에서 이제 진부하게 들린다. 오늘날 스마트폰은 놀라운 기술을 탑재하고 있다. 스마트폰은 통화나 문자메시지와 같은 통신을 가능하게 하는 것은 물론이고 웹사이트 서핑, 앱 다운로드, 소셜미디어의 사용을 손쉽게 하는 인터넷 기능을 기본으로 담고 있다. 카메라, 음악 재생, 동영상, 내비게이션과 같은 기능은 일상적 삶에서 스마트폰으로 얼마든지 가능하다. 여기에 노트 정리나 일정 관리, 문서의 작성과 편집을 가능하게 하는 생산성 관리도 하며, 생체 인식을 이용한 보안 기능, 블루투스를 통한 연결 기능, 전자책이나 게임 등의 엔터테인먼트 기능도 담고 있다. 최근에는 스마트 조명의 조절, 가전제품 제어, 자동차 시동 걸기 등과 같은 IoT(사물인터넷) 기술도 스마트폰을 이용한다. 음성 명령으로 제어하는 통역과 비서 역할의 서비스를 탑재한 스마트폰의 진화는 통화나 메시지를 송수신하는 전통적 커뮤니케이션 기능을 훨씬 뛰어넘고 있다.

기술의 발명은 한 사회가 아직 충족되지 못한 어떤 필요를 느낄 때 이루어진다는 것을 부인할 수 없다. 새로운 기술은 어떤 환경이 불만스럽거나 부족하다고 하는 절박함에서 등장하기도 한다. 새로운 기술의 등장에 '필요는 발명의 어머니'라는 말은 일반적으로 받아들일 수 있는 견해다. 이 말을 상식적으로 뒷받침하는 예는 중요한 역사의 순간에도 찾을 수 있다. 1942년 2차 세계대전이

한창일 때 미국이 나치 독일보다 원자 폭탄을 먼저 발명해야 한다는 절박함은 실제로 폭탄 개발로 이어졌다. 이를 실화로 만든 영화 〈오펜하이머〉는 원자폭탄을 만들기 위한 '맨해튼 프로젝트' 총책임자인 로버트 오펜하이머(Robert Oppenheimer)의 활약상을 그린 내용으로 필요가 기술을 이끈 예다. 코로나19 사태 때도 전 세계가 질병의 공포로부터 위협받을 때 긴박한 필요에 따라 백신을 개발함으로써 위기를 극복할 수 있었다.

그렇다고 기술이 욕망을 분출하는 어느 영웅의 개별적 행동으로 생기진 않는다. 기술은 어떤 필요를 미리 내다보고 만들어지긴 하지만 누적된 기술의 복합성 속에서 발전한다. 필요 이상의 기술이 인간 의지와 상상 속에서 넘치게 개발된 가운데 선택을 통해 진화하는 것이다. 스마트폰의 경우 커뮤니케이션이라는 필요의 기술을 뛰어넘는 잉여의 산물로 수많은 부가적 기술이 탑재되어 있다. 의지의 산물로 등장한 새로운 기술들은 인간 욕망을 자극하면서 필요한 기술이라는 새로운 용도로 자리하게 된다. 재레드 다이아몬드(Jared Diamond)는 『총, 균, 쇠(Guns, Germs, and Steel)』에서 '필요가 발명의 어머니'란 말이 상식적이긴 하지만 오히려 '발명이 필요의 어머니'란 말로 기술을 새롭게 이해하려 한다. 기술은 어떤 필요를 내다보고 발명되는 것이 아니라 발명된 이후 그 용도가 새로 발견된다는 의미다. 즉 발명된 기술이 사회에 수용되는 과정에서 진화가 일어난다는 것이다.

사회구성주의적 관점과 기술의 확장

어떤 기술이 사회에 수용되기 위한 조건에는 여러 요인들이 작용한다. 새로운 기술의 채택 여부는 대체로 사회적 가치관 및 위신, 기득권과의 양립 가능성, 기술의 경제적 이점에 영향을 받는다. 또한 기술 보유자의 평균 수명, 고임금이나 노동력 부족 현상, 특허권 등의 보장 여부, 기술 훈련 기회, 투자에 대한 보상 여부, 개인주의 여부, 모험 정신, 과학적 사고방식, 수용성, 종교 등에도 영향을 받는다. 기술 중에 끝까지 채택되지 못하거나 오랫동안 저항을 겪은 후 간신히 채택되는 기술도 무수히 많다. 20세기 초 미국과 독일의 도시에서 도로 조명을 전기로 바꾼 뒤에도 오랫동안 전기 조명을 채택하지 않고 가스를 사용한 영국의 사례나, 1970년대 미국이 초음속 운송 수단의 개발 지원을 거부한 사례가 그 예다.

기술을 사회와의 관계에서 보면 1960년대에는 기술이 사회를 결정한다는 기술결정론적 믿음이 확산되었지만, 1980년대 들어 기술사회학자들은 기술결정론을 비판하면서 오히려 사회가 기술을 구성한다는 사회구성주의적 관점을 부각시켰다. 기술의 사회구성주의적 관점은 기술이 단순히 과학적 발견이나 공학적 설계의 결과가 아니라 사회적 행위자들 간의 상호작용, 이해관계, 권력 관계 등에 의해 결정된다는 주장이다. 말하자면 한 사회가 기술을 받아들이는 데는 기술 자체의 우수성보다는 기술의 효율성을 통해 얻게 되는 사회적 가치를 더 중요하게 보는 입장이다. 사회구성주의적 관점에서 기술을 받아들이는 것은 기술의 중요한 가치가 그 사회의 안정화와 연결되어 있을 때 더 쉽게 가능하다. 사회의 안정화와 연결된 기술은 사회 구성원 대부분을 만족시키는 기술이다. 사회 구성원을 만족시키는 기술의 진화는 인간의 욕망을 충족하는 기술이다.

21세기로 접어들면서 20세기인 지난 100년간 인간 삶을 바꾼 기술이 무엇인지 전문가들에게 물어 언론이 보도한 내용이 있다. 이 전문가들은 텔레비전, 퍼스널 컴퓨터, 가솔린 자동차, 페니실린, 신용카드, 피임약, 라디오, 전구, 이동전화, 컴퓨터 통신을 들었다. 대부분 기술은 미디어와 관련한 기술이며 21세기 들어서도 미디어 기술은 인간 삶에 영향을 주는 중요한 기술로 여겨진다. 인간이 광활한 우주로 나갈 꿈을 꾸고, 생명의 비밀을 탐구하는 데 바탕이 되는 기술은 미디어에서 출발한다. 기술 진화의 궁극점은 사회 구성원들의 욕구를 만족시키는 데 저항 없는 미디어 기술에 모아진다. 마셜 매클루언(Marshall McLuhan)은 『미디어의 이해(Understanding Media)』라는 책에서 모든 미디어가 인간 자신의 확장임을 선언한 바 있다.

인간 기능의 확장은 곧 인간 욕망의 실현이다. 기술의 진화가 미디어 기술에 모아지는 오늘날 사회구성주의적 관점에서 미디어는 단연 돋보이는 기술들의 총합이다. 사회적 맥락 안에서 현실을 이해하고 해석하는 데 미디어 기술은 빼놓을 수 없다. 사회의 안정화에 충분히 기여하는 기술인 미디어 기술은 인간 자신의 확장으로 인간 욕망의 실현이다. 여기에 생성형 AI의 출현은 미디어 기술이 사람 간의 소통을 돕는 것을 뛰어넘어 욕망 충족의 기술로 부각되는 것에 크게 기여했다. 인간 대 기술이라는 새로운 소통을 가능하게 하는 환경에 챗GPT가 등장했다. 인간 욕망의 궁극점으로 가는 기술의 진화에 인간 삶은 어떤 영향을 받을지 예단하기가 쉽지 않다.

참고문헌

김경만(2004). 『과학지식과 사회이론』, 한길사, 2004.

이성욱 외(2009). 『욕망하는 테크놀로지』, 동아시아.
Basalla, G.(1988). *The Evolution of Technology*, Cambridge University Press. 김동광 옮김(1996), 『기술의 진화』, 까치.
Diamond, J.(1997). *Guns, Germs, and Steel*, Brockman, 김진준 옮김(1998), 『총, 균, 쇠』, 문학사상사.
McLuhan, M.(2003). *Understanding Media: The Extensions of Man*, Gingko Press, 김상호 옮김(2012), 『미디어의 이해-인간의 확장』, 커뮤니케이션북스.

02
권력과 지배의 개념

권력은 소유가 아닌 관계나 제도에 의해 이해되어야 한다. 정보화 사회의 기술은 인간 관계의 지배 질서를 형성하는 중요한 수단이 되었다. 기술이 권력에 작용하는 매개가 되어 권력의 다원화를 이루는 가운데 신권력이 등장한다. 신권력은 다수에게 개방적인 참여적 영향력을 행사하면서 이전에 소수에게 집중되었던 비대칭적 권력 구조를 벗어나게 한다.

AI와 MBTI?

권력의 생산적 기능

인간 의지의 방향을 보여 주는 기술 진화는 인간 욕망의 실현이기도 하지만 우리의 삶을 길들이듯 정해진 방향으로 이끌기도 한다. 하루라도 휴대폰을 보지 않으면 살아갈 수 없을 정도가 된 일상화된 기술의 접촉은 인간 삶에 미치는 기술의 영향을 감지하고도 남는다. 인간 사회에는 수많은 기술들이 존재한다. 이러한 기술들이 우리를 길들이려 하고 실제 그런 삶을 요구하듯 한다. 기술이 미치는 영향을 권력으로 생각한 적은 없었다. 그 이유는 강압적이지 않다고 여기기 때문이다. 우리는 권력을 이해할 때 타인의 저항에도 불구하고 자신의 뜻을 관철할 수 있는 강압성의 가능성이라는 고전적 정의에 매달려 왔다.

막스 베버는 『경제와 사회(Wirtschaft und Gesellschaft)』에서 사회학의 기본 개념을 다루면서 권력과 지배의 개념을 이렇게 쓰고 있다. "'권력'은 어떤 사회적 관계 내에 저항을 무릅쓰더라도 자신의 의지를 관철할 수 있는 온갖 가능성을 의미한다. 이 가능성이 무엇에 바탕을 두고 있건 상관없다. '지배'는 특정한 내용의 명령이 일정한 사람들에게 복종심을 불러일으킬 수 있는 가능성을 뜻한다." 여기서 베버는 특정 다수의 인간에게 평

소 연습된 태도에 힘입어 어떤 명령에 대해 즉각적, 자동적, 도식적 복종심을 일으킬 수 있는 가능성의 근원을 규율이라고 보았다. 권력을 힘, 강제, 설득, 지배, 영향력, 복종심, 규율 등 다양한 의미와 구별해 보려는 노력들이 있지만, 우리는 기술과 관련해서 이 모든 것을 포괄해 그 의미를 이해하려고 한다.

권력은 사회적 행위의 잠재적인 것에서 취급되기도 하고, 실천적인 행위에서 포착되기도 한다. 그러나 권력을 힘이 아닌 제도나 관계로 보거나, 상징 자본에서 나온 상상력에 의한 것으로 보는 등 다양하게 접근하기 시작했다. 심지어 푸코는 권력은 제도도 아니고 구조도 아니며 사람들에게 주어진 권한도 아니라고 주장한다. 푸코는 "권력은 사물을 생산하고 쾌락을 산출하고 지식과 담론을 형성하는 적극적인 기능을 갖고 있다"고 보았다. 이는 권력이 우리 삶에 미치는 영향을 긍정적 관점에서 보고 있는 것이다.

권력에 대한 다양한 접근 속에서 권력의 적극적이고 생산적인 측면의 강조는 사회의 전략적 관계 상황에 대한 이해다. 즉 권력을 지배 집단이 획득하고 소유하는 특권이 아니라 지배 집단이 점하는 전략적 입장에 대한 이해로 본다. 전략적 입장은 사람들에게 미치는 긍정적 기능을 가늠하면서 갖는 자세다. 사람들이 왜 권력에 응하며 따르는가 하는 것도 여기서 나온다. 따라서 권력은 소유할 수 있는 실체가 아닌 하나의 전략이다. 권력은 한 사회의 복합적인 전략적 상황에 붙은 이름이다. 제도 안에 만들어진 권력을 부정적으로 볼 수 없다는 주장은 권력이 가진 적극적이고 생산적인 기능에 바탕하고 있기 때문이다.

비대칭적인 힘

권력은 지배, 정당성, 권위와 함께 사회를 분석하는 개념이었다. 권력의 개념을 설명하면서 정당성의 근거를 어디에서 찾든지 권력은 대부분 개인에 맞춰져 설명된다. 베버가 제시한 전통적 지배, 합법적 지배, 카리스마적 지배의 유형 속에서 권력을 위한 정당성은 힘이 어디에서 나오는가 하는 것에 대한 문제이지만 결국 개인의 위치에서 관철되는 영향력이었다. 베버의 권력 개념은 간명하다. 한 행위자가 저항에도 불구하고 자신의 의지를 관철하는 위치에 있게 되는 개연성을 의미한다. 이러한 주장은 한 개인의 위치에 따른 힘의 행사에 대한 가능성이다. 그 뒤에 따르는 지배의 개념도 마찬가지다. 어떤 명령에 대해 특정한 사람들의 집단이 복종하게 되는 개연성이다. 지배에 복종하는 사람들은 집단이지만 그 지배를 이끄는 사람은 특정 내용을 명령으로 전달하는 개인이거나 소수다.

베버의 관점은 현대 사회의 권력 구조가 '과두제의 철칙(the Iron Law of Oligarchy)'으로 귀결된다는 미헬스(Robert Michels)의 입장과 연결된다. 이는 모든 조직은 소수에 의해 지배되는 경향이 불가피하다는 보수적 과두제다. 미헬스의 과두제는 소수가 다수를 지배하는 억압 체계를 의미하는 것으로 민주적인 조직이라 하더라도 과두적 경향을 보인다고 설명한다. 그는 베버와 같이 권력이 개인이나 소수에게 집중되어 있다는 소유로서의 의미를 강조했다. 소유로서의 권력은 대부분 일정한 방향으로 미치는 영향력으로, 개인 또는 소수가 합법적이든 비합법적이든 추종자에게 미치는 비대칭적 힘이다. 이러한 비대칭적 힘을 소유에 의한 억압 체계가 아닌 사회적 관계로 본 것은 푸코였다.

푸코는 권력을 특정 개인이나 집단의 소유물이 아니라 관계에서 나온다고 했다. 사회 관계에서 발생하는 불평등의 직접적 결과가 곧 권력 관계다. 따라서 권력은 소유할 수 있는 실체가 아니라 분석하는 전략으로 이해해야 한다는 것이다. 권력의 강력한 힘을 은연중에 따르는 이유는 전략적으로 이해되는 생산적인 기능 때문이다. 푸코는 권력을 부정적인 힘으로서만 우리에게 강요되는 것이 아니라고 보았다. 마찬가지로 기술은 인간에게 특정한 능력을 부여한다. 기술을 이용하면서 인간의 능력을 키우는 이유는 기술과 인간의 관계 속에서 전략적으로 이해할 수 있는 생산적인 힘을 기르기 위함이다. 기술을 생산적 기능이라는 전략적 분석에서 바라볼 때 기술을 권력으로 이해하는 것은 충분히 가능할 수 있다.

정보화 사회의 뉴파워

우리가 기술과 관계를 맺고 있는 것은 사람들의 삶에 무언가를 혜택으로 주고받는 생산성이 작용하기 때문이다. 기술의 생산성은 힘을 획득하는 배경이다. 전통적으로 힘을 획득하는 방법에는 합법적인 방법과 비합법적인 방법이 있다. 여기에는 정치적, 경제적, 종교적, 교육적 그리고 기타 수단을 통해 표면적으로 나타나는 행동으로 얻는 권력과 아무런 행동을 하지 않으면서 얻는 권력 등을 모두 포함한다. 권력을 부리는 사람들은 가부장적 사회의 전통적 위치의 사람, 폭력적 수단을 통제하는 사람, 법으로 정해진 권한을 지닌 사람, 심지어 부모에게서 원하는 것을 얻는 어린아이도 망라한다. 그런데 기술이 이런 힘을 획득하는 방법에 들면서 사람들은 이제 자신의 목적을 달성할 수 있는 기술을 이용한다.

기술은 우리가 특정 목적을 달성하도록 하는 능력을 갖게 만든다. 기술을 원활하게 다루는 사람과 그렇지 못하는 사람과의 구분을 권력으로 설명하기도 한다. 기술을 이용하는 사람들 간의 능력 차이를 말하는 것이다. 여기에 AI 챗봇과 같은 기술의 발전은 기술을 이용한 사람의 능력을 현격히 높이고 있다. 이로써 기술 자체가 권력으로 이해되는 사회적 상황이 만들어진다. 우리가 권력이 실체가 아니고 사람들의 삶을 개선하는 전략적 관계 상황임을 주장한다면 이러한 챗봇은 적극적이고 생산적인 역할로 사람들에게 영향을 미치는 권력으로 작용할 개연성이 높다.

정보화 사회는 사람들의 관계에서 권력이 나온다. 이러한 권력의 이해에 매개된 기술은 인터넷이 중심에 있다. 인터넷이 등장하면서 갖게 된 권력의 작동은 소셜미디어에서 얼마든지 확인 가능하다. 소셜미디어의 파워는 정치 권력뿐만 아니라 일상생활의 다양한 영역에서 현실적으로 경험할 수 있다. 2012년 10월 '아랍의 봄(Arab Spring)'을 지칭한 '재스민 혁명(Jasmin Revolution)'의 경우, 민주화를 위한 시민운동의 힘은 소셜미디어에서 나왔다. 블로그, 유튜브, 페이스북, X(예전 트위터)와 같은 인터넷 기반 소셜미디어는 사람들의 집단적 역량을 모으면서 정치 변혁을 일으켰다. 정치 영역에서만이 아니라 문화 소비 영역에서도 소셜미디어는 엄청난 힘을 발휘한다. 수많은 팔로어를 거느린 인플루언서와 유명인들은 자신들만의 상징 자본으로 전 세계 사람들에게 영향을 미친다. 다만 이들의 권력 관계가 이전과 다른 점은 일방적이지 않다는 데 있다.

스타를 중심으로 만들어진 팬덤이 스타의 힘으로 뭉치긴 했지만, 역으로 스타에게도 팬들에게도 또는 기타 사람들에게도 영향을 미치는 상대적 힘을 드러낸다. 권력은 일방적으로 특정한 위치에서만 작동하지 않는다. 정보화 시대의 권력은 다원화하고 있다. 제러미 하이먼즈(Jeremy Heimans)와 헨리 팀스(Henry Timms)는 『뉴파워: 새로운 권력의 탄생(New Power: How Power Works in Our Hyperconnected World)』에서 초연결된 사회의 권력 개념을 신권력이란 이름으로 새롭게 제시한다. 신권력은 협력, 집단지성, 공유를 가치로 권력의 일방향적인 비대칭을 해체하고 정치, 경제, 사회에서만이 아닌 소비, 문화, 예술 등 인간 삶의 여러 영역에서 일어나는 힘이다.

전통적인 권력은 구권력으로 소수들만 누리는 힘이었다. 소수에게 집중된 비대칭의 권력은 초연결된 정보화 사회에서 다수에게 기회를 균등하게 제공하는 대칭화의 방향으로 바뀐다. 초연결된 사회는 신권력이란 이름으로 모든 사람들에게 개방적이고 참여적인 권력을 행사하는 것이 가능하다. 이전과 다른 권력의 모습을 보인다. 권력은 의도된 결과를 얻는 능력이다. 사람들이 의도하는 것이 다양해지면서 권력의 방향도 다원화되고 있다. 이런 가운데 인공지능 챗봇인 챗GPT의 등장은 의도된 결과를 만드는 인간 능력 키우기에 큰 변화를 일으켰다. 챗GPT는 인간 능력을 손쉽게 확장하면서 인간 삶에 미치는 영향력의 범위를 점점 넓혀 가고 있다. 한마디로 챗GPT는 인간이 원하는 바를 쉽게 해결하는 기술로 그 자체 힘이 될 수 있다.

참고문헌

Foucault, M.(1980). *Power/Knowledge: Selected Interviews and Other Writings 1972-1977*, ed. Colin Gordon, 홍성민 옮김(1991), 『권력과 지식』, 나남.

Heimans, J. & Timms, H.(2018). *New Power: How Power Works in Our Hyperconnected World*, Doubleday, 홍지수 옮김(2019), 『뉴파워: 새로운 권력의 탄생』, 비즈니스북스.

Michels, R.(1911). *Zur Soziologie des Parteiwesens in der Modernen Demokratie*, Verlag von Dr. Werner Klinkhardt, 김학이 옮김(2002), 『정당사회학』, 한길사.
Weber, M.(1976), *Wirtschaft und Gesellschaft: Grundriss der Verstehenden Soziologie*, JCB Mohr, 박성환 옮김(1997), 『경제와 사회1』, 문학과지성사.

03
권력의 대칭화

소통하는 공론장에서 사람들은 상호간 대칭적 균형을 이루는 힘을 갖는다. 소통을 통해 얻게 된 새로운 권력은 사람들의 선택 가능성을 제한하기도 하고 열어 주기도 한다. 사회적 상황에 따라 전략적인 소통으로 힘의 균형을 이루는 권력은 이전의 권력과 다르다. 소통을 중심으로 한 권력은 지배와 피지배의 고정된 결합으로 보이던 것에서 탈피한다.

AI와 난임 극복?

공론장

정보화 사회의 핵심은 공론장의 형성이다. 인터넷 기술은 공론장 역할을 하는 사이버 공간의 출현을 이끌었다. 사이버 공간은 소수에게 몰린 권력의 비대칭적 힘을 다수도 누릴 수 있는 기회를 제공하면서 권력의 일방향적인 지배-피지배의 모습을 변화시켰다. 일찍이 이러한 힘이 시민들의 소통하는 '공론장(public sphere)'에서 나온다고 본 사람은 위르겐 하버마스(Jürgen Habermas)였다. 공론장은 참가자들 상호 간 기회의 균형을 가능하게 하여 합리적이고 비판적인 토론이 이루어지는 영역이다.

하버마스가 공론장을 주장할 때만 해도 인터넷이 없었던 시절이었다. 하버마스는 미디어의 상업화, 정치권력의 집중 등으로 공론장이 변질되었다고 비판했다. 이러한 가운데 인터넷 기술은 다양한 계층과 집단이 참여하는 공론장을 재구성할 수 있도록 만들었다. 인터넷의 사이버 공간은 공론장으로서의 기능을 다양하게 드러내고 각 개인에게 주체적인 구성원으로서 공공 토론에 참여할 수 있는 기회를 보장한다.

사이버 공간의 공론장으로서의 힘은 온라인만이 아닌 오프라인에도 영향력으로 작동한다. 실제로 '아랍의 봄'

과 같은 민주화 운동은 사이버 공간에서 펼쳐진 소셜미디어의 힘이 큰 역할을 했다. 2010년 튀니지에서 촉발된 '재스민 혁명' 역시 소셜미디어가 불씨를 댕겼다. SNS를 이용한 의사소통과 인식의 확대가 독재 정권을 무너뜨렸고 그 성공이 소셜미디어를 통해 전파되었다. 소셜미디어를 통한 시민의 힘은 중동 국가와 북아프리카 국가까지 퍼지면서 민주화 운동이 주변 국가로 확산되는 계기가 되었다. 사람들은 인터넷 공론장에서 공개적 소통을 통해 사회의 쟁점들을 제기하고 이를 둘러싼 연대로 행동에 나설 수 있었다.

사회 통제 상황에서 소수가 독점하는 권력에 저항하는 무기는 인터넷 기술에 힘입은 소셜미디어다. 소셜미디어는 공론장을 이끈다. 특히 페이스북과 같은 소셜미디어는 네트워크 저널리즘으로 수많은 사람들을 연결해 사회 변혁을 이루는 힘으로 기능한다. 소셜미디어에서 이루어진 공론장의 활동이 비대칭적 권력에 맞서 대항하는 연대 세력으로 발전할 수 있었기 때문이다. 기술적 플랫폼에 힘입어 생성된 가상의 연결이 현실 공간의 사회운동으로 진전해 권력의 대칭화를 이룬 것이다.

대항 헤게모니

한국에서도 비대칭적 권력 관계를 바로잡는 한국 정치사와 시민운동사에 큰 획을 그을 만한 사건이 있었다. 2008년과 2016년 발생했던 촛불집회였다. 두 사건이 발생한 배경과 진행 과정, 그리고 그 성과에 대한 평가는 각기 다르지만, 시민 저항운동으로 거리에 나섰던 것은 사이버 공간의 공론장에서 형성된 힘이 응축된 결과였다. 2008년과 2016년의 촛불집회는 온라인 공간에서 터득한 특유의 확장성이 발휘된 사건이었다. 이처럼 집회의 규모를 키울 수 있었던 것은 사이버 공간을 통한 소통망의 구축으로 가능했다.

2016년의 촛불집회의 경우, 참여자 중 압도적 다수가 자발적으로 집회에 참여한 시민들이었다. 더구나 이들은 정치권과 운동권 양측 모두를 선도하면서 운동을 이끌어 나갔다. 이전의 비대칭적 추종자로 권력에 맞선 피지배자의 시위 방식에서 벗어나 놀이와 투쟁을 융합한 주체적 시위 문화의 모습이었다. 온라인 환경에 익숙한 청년 세대만이 아니라 온 연령층이 나서는 사이버 대중의 주도가 주요하게 작용했다. 이러한 시위 문화는 민주주의의 힘을 보여 주는 성숙한 시위 모습이라는 평가를 받았다. 기술의 진전으로 사회 환경이 변하면서 대중의 힘을 모을 수 있었고 이전의 권력과 달리 비대칭적 힘을 조정할 수 있는 기회를 갖고 실천했던 것이다.

이러한 온라인에 의한 시위 문화의 변화는 안토니오 그람시(Antonio Gramsci)가 제기한 '대항 헤게모니(Contro-Egemonia)'의 작동이다. 이는 기존 기득권의 독점적 권력을 깨트리고 맞서는 권력의 대칭화로 볼 수 있다. 권력의 대칭화는 인터넷 기술의 발달로 다양한 소셜미디어가 출현한 것과 연관이 있다. 소셜미디어에서 말하는 미디어는 시공간을 재조직화하고 특정한 이슈를 재현하는 능력이 있다. 따라서 미디어는 권력 작용에 중요한 작동 기제가 되는 토대를 만든다. 인터넷의 소셜미디어는 인간의 소통을 원활하게 하는 단순한 매개체로 머물지 않고, 지배와 피지배의 구조를 조정하고 핵심적 의사소통 구조와 종속적 의사소통 구조를 해체하는 데 기여한다.

소셜미디어가 나오기 이전의 미디어라는 것은 그 사회의 지배 기술로 헤게모니적 의사소통 구조를 만들었다. 국가 권력도 미디어 매체를 이용해 권력을 집중화했다. 인쇄 미디어가 나옴으로써 국가는 통일된 법과 규칙 등 상징화된 규제를 만들어 권력을 시공간으로 확장했다. 모든 사회는 각 시대에 따라 그에 맞는 헤게모니적 커뮤니케이션을 만들어 권력 구조를 형성한다. 하지만 인터넷 시대에 소셜미디어의 등장은 기존 권력에 맞서는 대항 헤게모니의 구축을 쉽게 했다. 소셜미디어로 새로운 권력의 축이 만들어진 것이다.

선택 가능성

미디어 권력은 상호 소통을 중심으로 한다. 지배자와 피지배자의 권력 관계를 소통에서 찾은 학자는 니클라스 루만(Niklas Luhmann)이었다. 그는 권력을 억압이나 강제의 도구가 아니라 사회적 상호작용과 의사소통에서 나타나는 현상으로 본다. 즉 권력은 의사소통의 일종으로 한 사람이 다른 사람에게 특정한 행위를 요구하거나 특정한 방향으로 행동하도록 기대를 표현하는 것이다. 행위자는 어떤 행위를 수행하기 위해서 사전에 복잡성을 축소할 수 있게 상황을 파악해 두어야 한다. 사회가 더욱 복잡해지면 행위자 내부의 능력만으로는 그 행위를 스스로 결정할 수 없게 된다. 따라서 행위자들은 복잡성을 줄이는 일을 돕는 외적 요인이 필요하다. 미디어가 그 역할을 한다. 의사결정을 매개하는 미디어는 선택 가능성을 확대하기도 하고 제한하기도 한다.

미디어를 통해 어떤 행위자는 다른 행위자의 행위 선

택의 범위를 제한하고, 한정된 행위 전제를 부여한다. 또한 어떤 행위자는 다른 행위자의 행위 수행을 돕는 행위의 선택성을 높이기도 한다. 그것이 반복적으로 일어나면 권력의 원천과 동일시된다. 루만은 권력을 상대방의 선택 가능성을 제한하는 기능을 수행하는 일반화된 소통의 매체로 파악했다. 선택 가능성을 제한한다는 것은 복잡성을 줄이고 결정을 촉진하기도 한다. 루만의 말대로라면 미디어를 통해 다른 사람과의 상호작용 속에서 선택을 쉽게 만드는 것은 권력이다.

권력을 행사하는 사람은 다양한 선택 가능성을 제시하기도 하지만 동시에 상대방에게 특정한 것만 선택하도록 압박하기도 한다. 그래서 권력은 이중성을 보인다. 권력은 선택의 가능성을 열어 주기도 하지만 그 선택을 제약하기도 한다. 권력은 특정 선택을 유도하는 데도 불구하고 다른 옵션을 선택할 때는 그에 따르는 불이익이 있다는 것을 암시하면서 나타나기도 한다. 하지만 선택 가능성의 존재가 권력의 효과성을 보이기도 한다. 권력은 상대방의 선택의 결과를 예측하고 그에 따라 행동하도록 만드는 메커니즘이기 때문이다.

사람들은 미디어를 이용해 많은 사람들의 생각과 일치하는 방향으로 자신의 의사를 표현해 자신의 말을 잘

믿도록 한다. 자신을 전체 사회의 흐름에 부합하는 인물로 만들어 내는 것은 권력 작용이다. 이는 그들의 선택에 도움을 주는 인물로 부각되기 때문이다. 그 과정 속에서 자신의 의견을 정설처럼 받아들이게 하고 사람들을 자신이 원하는 대로 움직이게 할 수 있다. 가령 매체 속 유명 스타는 자신의 생각에 동화하게 만들어 누군가에 대한 비판 여론, 옹호 여론을 이끈다. 특히 소셜미디어에서 이러한 큰 힘을 가진 사람을 인플루언서라 한다. 이들은 자신들만의 전략으로 메시지 효과를 증대시키고 특정 행동을 유도하며 성공하는 소통을 위해 미디어를 적극 이용한다. 소통이 성공적이면 동조하는 복종 의향을 가진 추종자들이 많아지면서 권력이 만들어진다. 이러한 권력이 곧 미디어 권력이다. 미디어 권력은 사람들의 관심과 여론의 상황에 따라 유동적이다.

미디어 권력은 특정 행위를 선택하도록 유도하거나 특정 행위를 하지 않도록 제한하면서 다양한 선택 가능성으로 균형을 이루게 한다. 따라서 매체를 이용한 미디어 권력은 영원히 지속되는 것이 아니라 상황에 따라 달라진다. 소통을 중심으로 한 권력은 이전의 지배와 피지배의 관계를 탈피하고 상호 간 조율의 과정에서 유동적으로 흘러간다. 지배와 피지배의 고정된 결합으로 보이던 비대칭화의 권력은 미디어로 인해 인과적 균형을 이루려고 수시로 변하면서 이전의 모습에서 벗어나게 된다. 미디어 권력은 선택 가능성을 둘러싼 영향력이다. 즉 선택 가능성을 조정하면서 전통적인 권력 개념과 다른 접근법을 제공하고 있는 것이다.

참고문헌

백욱인(2008). "촛불시위와 대중: 정보사회의 대중 형성에 관하여", ≪동향과 전망≫, 74: 159-188.

설진아(2012). "이집트 민주화 혁명에서 SNS와 소셜 저널리즘: 페이스북의 사례분석을 중심으로", ≪한국언론정보학보≫, 58: 7-28.

Berghaus, M.(2011). *Luhmann leicht gemacht: Eine Einführung in die Systemtheorie*, Bohlau Verlag Gmbh & Cie, 이철 옮김(2012), 『쉽게 읽는 루만』, 한울.

Habermas, J.(1962). *Strukturwandel der Öffentlichkeit: Untersuchungen zu einer Kategorie der bürgerlichen Gesellschaft*, Hermann Luchterhand Verlag, 한승완 옮김(2001), 『공론장의 구조변동: 부르조아 사회의 한 범주에 관한 연구』. 나남.

Jones, S.(2006). *Antonio Gramsci*, Routledge, 최영석 옮김(2022), 『안토니오 그람시 비범한 헤게모니』, 앨피.

04
탈정치화된 권력

인터넷 시대의 미디어 권력은 생각과 감정의 공유에 기반해 발생하는 유대감과 소속감이 상징적 자본으로서 중요하다. 상징적 자본을 이용하는 미디어 권력은 비정치적 접근을 강조하는 변화를 불러온다. 특히 소셜미디어를 통한 권력은 타인의 선택 과정을 결정하는 동기 가치에 따라 달라질 수 있다. 이는 선택의 가변성으로 인해 고정되어 있지 않은 권력이다. 사람들의 정보 선호도에 맞춰진 관심은 권력의 방향을 정치 영역에서 벗어나게 하고 있다.

AI와 사주?

상징적 권력

인터넷 시대가 되면서 미디어 권력은 이전과 달라졌다. 미디어 권력은 소수가 독점하는 권력이 아니라 다수가 자발적으로 참여하는 적극적 행동으로 일방향적인 권력을 대칭화로 균형 잡게 한다. 그렇더라도 그것이 권력을 균등하게 가지는 평등을 의미하는 것은 아니다. 인터넷 미디어에는 수많은 커뮤니티가 존재한다. 그곳 역시 평등한 공간이 아니라 위계적 관계로 유지되는 것은 마찬가지다. 특히 소셜미디어의 경우, 생각과 감정의 공유를 기반으로 발생하는 유대감과 소속감의 정도에 따라 그 영향력은 달라진다. 이러한 힘은 믿음과 신뢰라는 사회자본을 획득함으로써 세력을 확장해 간다.

미디어를 이용한 사회자본의 획득은 권력의 구조와 형태에 영향을 미친다. 미디어가 현대 사회의 중심 요소가 되었다고 주장하는 존 톰슨(John B. Thompson)은 『미디어와 현대성(The Media and Modernity: A Social Theory of the Media)』에서 미디어를 이용한 상호작용은 사회 관계의 패턴을 변화시킨다고 보았다. 미디어는 시간과 공간을 초월한 커뮤니케이션을 가능하게 하고 이를 통해 권력의 행사가 이전보다 더 복잡하고 분산된 방식으로 이루어진다는 것이다. 즉 전통적인 권력 개념이 물리적 강제력이나 경제적 자원과 연결되어 있었다면 미디어를 통한 권력은 상징을 이용한 권력이다. 상징적 권력은 특정한 의미와 가치를 자본으로 여기며 이를 통해 사람들의 인식과 행동에 영향을 미친다.

오늘날 미디어가 매개한 상징적 권력은 중요해졌다. 정보와 커뮤니케이션 수단을 자원으로 하는 상징적 권력은 국가의 권위나 정치 권력이 지닌 전통적인 또는 합법적인 정당성과 달리 신념에 근거하기 때문에 개인을 통제하는 목적과는 거리가 있다. 오히려 개인들은 상징 양식을 생산하는 과정에 개입해 다양한 결과를 이끄는 행위 수행으로 영향력을 창출한다. 여기서 개인들 간 신념의 공유가 권력의 정당성을 주는 근거다.

미디어 권력

미디어 권력의 정당성은 매개된 공공성에 근거한다. 미디어는 전통적인 공공성의 형식을 따르지 않는다. 어떤 행위나 사건이 해당 시간이나 발생 장소에 물리적으로 함께 있지 않아도 공적인 것이 될 수 있도록 만든다. 공존하는 다수의 사람들이 직접 보고 듣지 않아도 공공성을 획득할 수 있게 되었다는 뜻이다. 전통적인 권력이 수많은 방법으로 권력 사용을 비밀스럽게 다루었던 것과 달리, 미디어 권력은 미디어의 공공성 때문에 사람들의 시선으로부터 숨을 수 없게 되었다. 톰슨의 말대로라면 전통적인 권력은 비가시화(invisible)하는 방식에서 작동했지만, 미디어 권력은 더욱 가시적으로 되었고 의사결정 과정도 더욱 공개적으로 이루어진다.

미디어에 의한 권력은 특정한 방식으로 행동하는 개인에게 일정한 권위를 부여하는 규칙과 절차의 복합 체계를 구성한다. 즉, 미디어는 특정 의미와 가치를 전파해 사람들의 인식과 행동에 영향을 미치는 체계다. 이러한 복합 체계에 셀러브리티와 팬덤들이 있다. 오늘날 셀러브리티는 미디어가 주는 권력으로 대중의 주목을 얻는 사람들이다. 이들은 연예인, 운동선수, 음악가, 배우, TV 스타와 같은 인물들로 미디어의 힘과 연관된 체계 속에 있다. 한편 팬덤은 어떤 대상의 팬들이 모인 집단으로 미디어가 조명한 특정 인사의 재능, 외모, 성격 그리고 사생활에 관심을 보이며 다양한 활동 체계로 뭉친다. 이들 역시 특유의 규범이나 행동 양식을 구성하며 미디어를 적극 이용한다. 한때 미디어의 힘을 빌렸던 국가의 권위나 정치 권력은 자연스럽게 미디어의 중심에서 멀어지고, 연예 오락과 같은 문화적 자원이 그 자리를 대신한다.

미디어는 정치적 담론마저도 소비자 친화적이고 오락적인 방식으로 제시되며 깊이 있는 토론에서 멀어지고 표면적인 논쟁으로 변질된 현상을 드러낸다. 따라서 미디어는 정치적 이슈를 단순화하고 상업적 논리에 맞추어 재구성함으로써 탈정치화를 촉진한다. 미디어가 탈정치화한다는 것은 정치적 이해관계나 권력 다툼을 배제하고 비정치적 접근을 강조하는 상황을 말한다. 이는 미디어에서의 공적 영역의 변화다. 즉, 개인들의 사적 영역으로 취급되던 영역들이 미디어에 자연스럽게 침투하면서 일어난 변화다. 미디어 내의 참여하는 행동 및 상호작용하는 관계로 맺어진 개인들은 그들의 관심에 정치 이슈보다 더 중요한 것들이 많아지면서 자연스럽게 정치로부터 멀어진다. 따라서 미디어 권력은 탈정치화로 다양하게 그 모습을 드러낸다.

소셜미디어 권력

소셜미디어는 일상적 삶에서 개인들이 쉽게 다가갈 수 있는 플랫폼으로 다른 사람과의 관계를 증진하는 매개체다. 소셜미디어를 통해 다른 사람의 생각과 감정을 이용한다면 개인의 권력은 확대될 수 있다. 이는 다른 사람의 요구와 일치하는 방향으로 자신의 의사를 표현할 때

가능해진다. 개인이 다수의 사람들로부터 자신과 일치하는 생각을 이끌어 내는 것은 영향력이다. 더구나 이러한 영향력을 탐지하면서 자신의 의사를 온라인상에서 스스로 부합하는 인물로 드러내는 것도 권력 작용이다. 소셜미디어에서는 자신만의 전략으로 미디어 권력을 만들 수 있다. 따라서 미디어 권력은 권력자의 행사에서 나오는 것이라기보다 개인들의 선택 과정을 결정하는 동기 가치에서 나온다.

미디어 권력은 매체를 둘러싼 여러 요소들로 인해 느슨한 결합으로 이루어져 있어서 영원히 지속되지 않는다. 특별한 상황을 처리하기 위한 소통에서 생긴 영향력은 바뀔 수도 있으며 생겼다 사라질 수도 있다. 선택의 가변성이 늘 상존한다. 권력의 주종 관계가 소셜미디어에서는 일정한 방향의 비대칭이 아니라 사람들의 관심과 여론 상황에 따라 수시로 달라진다. 즉 권력의 인과적 균형은 조건에 따라 깨어지고 그 영향력도 조건에 따라 흘러간다.

따라서 매체를 이용한 소셜미디어 권력은 그 형태 면에서 고정되어 있지 않다. 더구나 소셜미디어로 인한 권력은 추종자의 의지도 중요하다. 지금까지 권력은 사람들이 간파한 권력 소유자의 어떤 종류의 내적 역량과 어떤 종류의 힘이었다면 인터넷 미디어에서 생성된 권력은 추종자의 복종 의향도 무시할 수 없는 부분이다. 미디어가 가진 힘은 수용자에게 미칠 수 있는 영향력이기도 하지만 수용자가 자발적으로 따르는 팔로어십에서 나오기도 한다.

미디어가 커뮤니케이션을 통해 수용자들에게 영향력을 행사하면서 나타나는 미디어 효과는 미디어 권력과 직결된다. 또한 미디어의 콘텐츠는 사람들의 사고방식과 행동 양식, 사회의 여론과 분위기를 변화시키는 힘으로 작용한다. 소셜미디어는 사람들에게 자유롭고 제약받지 않는 미디어 효과를 이어 갈 수 있어 권력 유지의 좋은 도구다. 정보화 사회의 핵심 재화인 정보 축적은 콘텐츠의 안정적인 확보를 보장한다는 점에서 소셜미디어를 운영하는 힘이 된다. 이러한 소셜미디어의 권력화는 이전과 다르게 정치 권력에 매몰되어 있지 않다.

탈정치화

정치 권력은 국가가 통솔하는 권력으로 경제나 문화, 예술 등 인간이 살아가는 것과 관련한 모든 영역에 영향을 미친다. 작은 영역에서 생기는 권력마저도 결국 정치 권력으로 귀결될 만큼 정치 권력의 힘은 매우 컸다. 정치

권력을 가진 이들이 경제, 문화에도 큰 영향을 끼치기 때문에 가장 먼저 떠올리는 권력은 정치 권력일 수밖에 없었다. 베버는 권력의 배분을 정치적 권력(power)만이 아니라 재산에 의한 권력인 경제적 부(property), 지위에 의한 권력인 사회적 위신(prestige)까지 나누어 생각했다. 그렇지만 경제적 질서인 부와 사회적 질서인 위신도 정치 권력을 설명하는 추가 요소에 불과한 것으로 베버는 보았다.

그러나 소셜미디어의 권력은 베버의 주장과 달리 정치 영역으로부터 자유롭다. 소셜미디어의 권력은 정보의 믿음과 신뢰라는 상징 자본의 배분 방식에서 나온다. 원래 권력은 한 사회의 집단들 간 자원의 배분 방식을 결정하는 질서 구조다. 미디어 영역에서 자원은 정보의 향유와 욕구를 충족하는 것에 관한 문제로 다분히 탈정치적이다. 인터넷의 수많은 정보 속에 사람들은 선호도(preference)에 따른 정보 욕구의 충족을 기대한다. 개인들의 선호도는 정치 영역과 연결된 것이 아닌 다양한 영역으로 뻗어 있다.

소셜미디어에 의한 권력은 정보의 배분 관계에서 만들어진 질서 구조다. 이는 정보를 수용하는 방식과 가치관에 따라 차이를 보인다. 그 차이는 물질적 자산이 아니라 상징 자본의 영역에서 이루어지는 것으로 곧 문화권력이다. 일방적으로 주어진 상징 자본을 우리 모두가 소비할 수 있는 것은 아니다. 상징 자본을 처리하는 수용자의 능력에 따라 문화권력은 격차가 발생한다. 소셜미디어의 권력 행사는 의도하지 않더라도 사람들 간의 수용 방식과 가치관에 따라 선호도를 드러낸다. 따라서 소셜미디어를 통한 권력은 사람들의 정보 선호도에 맞추어져 있어 정치 영역만이 아닌 탈정치 영역으로 다양화되었다.

참고문헌

Gerth, H. H., et al.(1974). *From Max Weber: Essays in Sociology*. Routledge & Kegan Paul LTD.

Tompson, J. B.(1995). *The Media and Modernity: A Social Theory of the Media*, Polity, 강재호 외 옮김(2010), 『미디어와 현대성』, 이음.

Turner, G.(2014). *Understanding Celebrity*, SAGE, 권오헌 외 옮김(2018), 『셀러브리티』, 이매진.

05
문화 지배와 기술

문화는 지배 구조의 연장선에서 특정 이데올로기를 확산하는 권력으로 작용한다. 소셜미디어의 문화는 참여 기회의 확대로 누구나 콘텐츠를 생산하고 관심을 이끌어 권력을 얻을 수 있다. 소셜미디어 속 다양한 기술과 아이디어가 문화 지배의 양상을 변화시켜 새로운 권력을 만든다. 새로운 문화권력은 아이디어에 기반한 이벤트성으로 그 영향이 비일상적이지만, 여기에 기술을 동반하면 일상화로 자리할 수 있다.

AI와 아이돌?

문화권력

소셜미디어로 행사하는 힘은 일종의 문화권력이다. 소셜미디어에 의한 문화권력은 이전과 다른 모습을 보인다. 원래 문화권력은 문화나 예술 분야에 종사하는 사람들이 갖는 영향력과 관련된 권력으로 국가권력인 정치권력의 연장이었다. 문화이론가인 레이먼드 윌리엄스(Raymond Williams)는 문화권력은 정치적인 권력과 함께 작용하면서 지배와 저항의 과정을 거쳐 사회 전반의 일상적 삶에 영향을 미친다고 보았다. 영국 버밍엄 대학의 현대문화연구센터 소장을 지낸 스튜어트 홀(Stuart Hall)은 문화가 복잡하고 동적인 성격을 보이지만 문화권력 역시 지배 구조에 집중되어 있음을 이해해야 한다고 주장한다. 프랑스 사회학자 피에르 부르디외(Pierre Bourdieu)는 문화 자본과 상징적 권력의 개념으로 문화권력을 설명하면서 사회 구조가 지배 집단의 문화 자본을 정당화하고 재생산하고 있다고 보았다.

이처럼 문화는 지배 구조 유지를 위한 연장선에서 이해하는 자원으로 여겨졌다. 문화는 단순히 예술적 표현에 그치는 것이 아니라 사회적 권력 관계를 반영하고 형성하는 중요한 요소였다. 즉 문화는 권력의 효과적인 수단인 것이다. 문화권력에 우리가 관심을 두는 것은 사회 집단의 지배 구조 속에 문화가 어떻게 반영되는가 하는 것이었다. 즉, 지배 집단은 자신들의 이익을 유지하기 위해 문화적 수단을 활용하고 사람들의 사고와 행동에 영향을 미친다.

윌리엄스는 문화권력이 작동하는 방식을 이해하기 위해 '잔여적인(residual)', '지배적인(dominant)', '새롭게 등장하는(emergernt)' 문화 형태의 개념을 도입했다. 잔여적인 문화는 과거의 가치와 신념을 반영하며 여전히 존재하는 것이고, 지배적인 문화는 현재 사회에서 권력을 유지하는 요소들이며, 새롭게 등장하는 문화는 기존 권력 구조에 도전하는 새로운 아이디어와 관행을 말한다. 윌리엄스는 다양한 문화 형태는 상호작용하는 과정에서 긴장과 타협이 발생하며 권력이 작동한다고 보았다. 따라서 문화는 그 자체로 권력의 중요한 장이기도 하며 권력의 도구로 작용하기도 한다.

문화적 재현과 상징적 폭력

문화가 권력을 만드는 것은 각 사회가 지향하는 지배 구조의 방향에 따라 다양하게 나타난다. 문화는 특정한 사회 집단의 이해관계를 정당화하고 지배적 위치를 유지하기 위해 사용하는 상징적 자원이다. 그래서 문화사회학자인 홀은 문화는 단순히 예술이나 고급 취향이 아니라 이데올로기와 밀접한 연관이 있다고 보았다. 문화는 특정한 집단의 이데올로기를 전달하고 강화하는 매개체로서 곧 권력의 장이 된다. 홀의 문화 연구에서 중요한 개념은 '문화적 재현(cultural representation)'이다. 그는 미디어로 문화를 재현하는 것은 단순히 현실을 반영하는 것이 아니라 특정한 방식으로 현실을 구성해 의미를 부여하는 것이라고 주장했다.

이러한 재현은 사회 집단의 권력 관계를 반영하며, 이를 통해 특정한 관점이나 이데올로기를 강화한다. 예를 들어 미디어에서 특정 인종이나 성별을 어떻게 묘사하는가에 따라 그들의 사회적 위치나 권력 관계가 달라지는 것과 같다. 미디어 재현으로 특정한 문화에 의미를 부여하면서 자본이 만들어지는 것이다. 특정한 관점과 이데올로기를 문화적으로 재현한다는 것은 특정한 세계관, 가치관, 생활 방식 등이 사회 전반에 걸쳐 표준화되고 강요되는 현상으로 곧 문화 지배다.

문화 지배는 특정 문화가 다른 문화에 비해 더 큰 영향력을 갖는다는 것을 말한다. 이는 문화가 이데올로기를 확산하고 정당화하는 도구로 작용한다는 의미다. 이러한 이데올로기는 지배 계급의 통치와 관련된 것으로 문화가 결국 지배 계급의 통치를 정당화하는 데 동원된다는 주장을 뒷받침한다. 문화 자본의 개념으로 문화권력을 설명한 부르디외도 마찬가지이다. 지배 계급은 자신들이 많이 가진 문화 자본으로 특정한 사회의 장(field)에 대한 규칙을 정하기도 하고 바꿀 수도 있는 힘을 가진다. 이 과정에서 그들이 가진 특정한 문화 취향이나 지식이 사회적 우위를 점한다. 특히 부르디외는 지배 계층의 문화와 가치관을 사회가 자연스럽고 당연하게 받아들이는 과정을 '상징적 폭력(symbolic violence)'이라고 했다. 그는 사회 구조를 이해하기 위해 문화적인 요소의 역할을 강조했으며 문화 자본의 실천 개념을 탐구하면서 문화권력이 경제적 권력과 사회적 지위에까지 영향을 미친다고 보았다.

디지털 플랫폼과 지배 변화

특정한 집단의 이익을 문화를 통해 반영하는 것이 문화 지배다. 여기서 사회가 주도하는 문화에 동화되지 않은 집단은 소외받거나 차별을 받을 수 있다. 그러나 소셜미디어의 문화는 누구나 참여할 수 있는 기회의 확대로 문화 권력을 이전과 다르게 탈바꿈시켰다. 특정 집단의 이익만을 반영하는 문화 지배는 소셜미디어에서는 인정되지 않는다. 문화 지배의 양상을 변화시킨 결정적 이유는 누구나 자신의 의견을 표출하고 재현할 수 있는 기술의 발전 때문이다. 소셜미디어는 다양한 콘텐츠를 생산하고 소비할 수 있는 디지털 플랫폼으로 기능과 목적에 따라 여러 형태로 진화했다.

페이스북이나 링크드인과 같은 소셜 네트워킹 서비스(Social Networking Services), X(옛 트위터)의 마이크로블로깅 플랫폼(Micro Blogging Platforms), 인스타그램, 유튜브, 틱톡과 같은 사진 및 동영상 공유 플랫폼(Photo and Video Sharing Platforms), 카카오톡, 텔레그램과 같은 메신저 및 채팅 앱(Messaging and Chat Apps) 등의 기술은 사람들의 커뮤니케이션, 정보 공유, 콘텐츠 소비 방식을 혁신적으로 변화시켰다. 각각의 플랫폼은 그 자체의 독특한 커뮤니티와 문화를 형성하면서 이용자들 간의 영향력과 세력을 구조화한다.

소셜미디어에 의한 문화 지배는 권력의 생산자와 수용자의 경계가 모호해지면서 탈정치화했고, 누구든 원하는 정보를 생산하고 권력을 획득할 수 있는 것에 기반한다. 여기에 인터넷의 여러 플랫폼 기술과 이용자들의 아이디어는 문화 지배의 양상을 변화시켰다. 기술의 발전에 힘입어 누구나 자신의 의견을 표출할 수 있는 메커니즘이 생겼고, 자신의 의견을 상대에게 쉽게 도달하게 함으로써 파워를 갖는다. 그 속에서 사람들은 타인에 대한 자신의 권력을 획득할 수 있게 된다. 하이먼즈와 팀스가 말한 '뉴파워(New Power)'의 개념도 인터넷이 만든 새로운 권력의 탄생에 주목한 것이었다. 이들은 뉴파워를 구권력과 신권력으로 구분해 설명한다.

우선 구권력은 화폐와 비슷하다. 구권력은 소수만이 지니고 있으며 폐쇄적이다. 일단 손에 넣으면 쉽게 내놓지 않으려 하며 상명하달식 쟁탈하는 힘으로 작용한다. 그에 반해 신권력은 흐름처럼 작동한다. 다수가 함께 개방적으로 참여해 만들어진 것으로 자유로운 참여를 보장하며 참여가 증가할수록 권력은 커진다. 더구나 이 참여는 그동안의 참여와는 달리 금전적 비용이 들지 않으며, 성과가 미흡해서 생기는 문제도 존재하지 않는다. 신권력은 참여를 통한 권력의 형성으로 소셜미디어에서 이제 쉽게 볼 수 있다.

일상적 지배의 기술

하이먼즈와 팀스는 신권력 속에서 참여가 이뤄지는 사회를 연결 사회로 표현한다. 대표적인 사건이 '아이스 버킷 챌린지'였다. 루게릭병 환자를 돕기 위한 릴레이 기부

캠페인으로 참가를 원하는 사람이 얼음물을 뒤집어쓰는 동영상을 SNS에 올린 뒤 다음 도전자 세 명을 지명해서 기부를 이어 가는 방식이다. 2014년 7월부터 시작된 행사에 미국 대통령을 비롯한 해외 유명 인사와 국내 정치인, 연예인, 기업인, 운동선수 등의 기부 행위가 급속도로 확산되었다. 하나하나의 메시지를 전달하는 행동은 동영상에 담겨 널리 퍼졌다. 전세계를 연결한 문화적 파급력은 놀라웠다. 이 외에도 신권력의 형태로 드러나는 사건과 양태로는 미투 운동, 플래쉬몹, 에어비앤비, 우버 등 다채롭다. 소셜미디어 플랫폼의 등장에 나타난 영향력이 개입된 모델들이다.

인터넷의 기술로 나타난 소셜미디어의 등장은 새로운 문화권력을 만들었고 대중에게 신권력을 부여했다. 하지만 이러한 문화권력이 효과적인 참여를 동반하지 못한다면 다시 사람들은 소외되고 구권력의 올가미에 놓일 수 있다. 새로운 권력은 폐쇄적이고 접근 불가능한 지도자 주도형의 비대칭적 권력 관계를 탈피하는 것으로 기술이 그 탈피에 큰 힘이 되고 있다. 기술이 발전하고 온라인 플랫폼이 꾸준히 생성되는 정보화 사회는 초연결된 사회로 개인들은 스스로의 권력 만들기에 정보의 활용과 흐름을 놓치지 않아야 한다.

문화권력은 이제 정교한 테크놀로지를 요구하는 기술이 필요하다. 소셜미디어의 경우, 그 영향력이 문화권력으로서 정치권력과 같은 구권력이 되지 않기 위해서는 참가자들의 균형을 이루는 실천, 연결, 확산의 기술이 중요하다. 이를 위해서는 인터넷 미디어의 플랫폼에 사람들의 관심을 유도하는 아이디어가 참신하고 주목을 끌어야 한다. '아이스 버킷 챌린지'나 팬덤 현상과 같은 영향력은 특정한 아이디어에 매달린 문화권력이다. 그러나 비일상적이다. 즉 늘 일어나는 일이 아니다. 통상적으로 신권력으로서 문화권력은 새로운 아이디어가 만들어져 사람들의 관심사를 유도하고 확산해야 하는 과제가 있다.

문화 지배를 일상화하기 위해서는 수많은 아이템과 아이디어를 통해 영향력을 유지해야 한다. 참여자들은 단순히 참여하는 것이 아니라 자기만의 취향을 가지며 직접 제작에 나서거나 적극적 태도로 확산에 힘쓰면서 사람들의 공감을 이끄는 영향력을 보여 주어야 한다. 이는 이전과 다른 문화권력의 과제다. 이를 가능하게 하는 새로운 기술이 등장했다. 기술이 자체적으로 사람들의 취향을 간파하고 적극적인 태도를 취하면서 문화 지배를 일상화하도록 진화한 것이다. 사람들의 호감을 이끈 새로운 기술은 챗GPT다.

인공지능 챗봇인 챗GPT는 대화형 챗봇으로 새로운 아이템이나 아이디어와 관계없이 사람들의 공감을 끌어낸다. 상대의 맥락을 이해하는 듯한 대화 형태의 기술은 사람들의 관심사 유도를 일상적으로 구축한 플랫폼으로 손색이 없다. 사람들이 각자의 아이디어에 맞춰 챗GPT에 질문하면 챗GPT는 그 결과를 질문자에 맞는 정보로 가공해 제공한다. 우리의 취향을 이해하고 적극적인 태도로 응수하면서 챗GPT는 우리를 지배하는 기술로 일상을 파고든다. 비일상적 아이디어에 매달린 문화권력과 달리 기술이 일상 플랫폼으로 문화 지배로 등장한 것이다.

참고문헌

임영호(1996). 『스튜어트 홀의 문화이론』, 한나래.

현택수 외(1998). 『문화와 권력: 부르디외 사회학의 이해』, 나남.

Heimans, J. & Timms, H.(2018). *New Power: How Power Works in Our Hyperconnected World*, Doubleday, 홍지수 옮김(2019), 『뉴파워: 새로운 권력의 탄생』, 비즈니스북스.

Williams, R.(1958). *Culture and Society 1780-1950*, Chatto & Windus.

06
사이버 파워

사이버 파워는 사이버 공간의 플랫폼을 이용한 권력으로 특정한 목적의 달성을 위한 테크놀로지를 동반한다. 사이버 파워를 통한 지배는 인간의 욕구와 자아 실현을 위한 자발적 의지에서 비롯된다는 점에서 이전의 지배와 구별된다. 사이버 공간을 통한 지배는 보이지 않는 권력으로 사람들의 일상적 삶에서의 실천 가운데 나온다. 이러한 실천을 돕는 챗GPT는 하나의 권력일 수 있다.

AI와 야구?

온오프 삶의 연결

'아이스 버킷 챌린지'는 인터넷의 초연결된 기술을 이용한 확장 가능한 행위 수행으로 소셜미디어에서 경험할 수 있는 새로운 권력이었다. 소셜미디어의 새로운 권력은 개인적 입장에서 사이버 공간의 플랫폼을 이용한 실천적 행위에서 나온다. 사이버 공간을 특정한 목적의 달성을 위해 사용하는 능력이 곧 '사이버 파워(cyberpower)'다. 팀 조던(Tim Jordan)은 사이버 파워를 사이버 공간과 인터넷상의 정치 및 문화를 구조화하는 권력의 형태로 보았다. 이러한 권력은 테크놀로지를 요구하는 기술적 필요를 동반한다.

이는 사이버 파워가 사이버 공간의 무한한 정보와 네트워크에 쉽게 접근하도록 해 주는 복잡한 테크놀로지와 함께한다는 점에서 확인할 수 있다. 테크놀로지가 정교하면 할수록 사이버 공간을 지배하는 엘리트들은 더 많은 기회를 갖는다. 그러나 사이버 공간이 오프라인의 삶과 연결되어 있고 오프라인 서비스를 대체하고 있다고 생각하면 사이버 파워는 온라인 삶과 오프라인 삶이 연결된 상황에서 검토되어야 한다.

조던은 사이버 파워를 세 영역인 개인적(individual), 사회적(social), 상상적(imaginary) 수준으로 구분할 수 있으며, 이들이 서로 상호 연관되어 있다고 보았다. 개인적 수준의 사이버 파워는 사이버 공간에 대한 개인적 접근(access)과 권리(right)를 획득하고 유지하는 형태다. 접근성은 재정적 · 문화적 장벽과 암호화이며, 권리는 프라이버시, 저작권 등의 이슈들이 해당된다. 사이버 공간은 이러한 방식을 이해하는 개인에게 권력을 부여한다. 일종의 소유로서의 권력이다.

사회적 수준의 사이버 파워는 지배로서의 권력이다. 이 수준에서는 복잡한 테크놀로지에 부합해 사이버 공간의 무한 정보를 정교하게 지배하는 기술 엘리트에 주목했다. 사이버 공간의 기술적 도구의 창조와 구축은 테크노 파워에 의존하게 만든다. 전문 기술을 통제하는 엘리트가 정보 흐름의 공간과 그 짜임새를 점점 더 지배하게 된다. 즉 사이버 공간의 자원들을 관리하고 통제하는 테크노 파워로 기술을 처리하는 기술 엘리트의 지배를 권력으로 보았다. 여기서는 기술을 지닌 엘리트와 그렇지 못한 사람들의 관계를 구조화하는 불평등이 생길 수 있다.

상상적 수준의 사이버 파워는 개인적 수준과 사회적 수준을 둘러싸고 흐르는 사회 질서로서의 권력이다. 사이버 공간 내에서 권력의 흐름은 집합적 상상을 통해 일어난다. 상상적 수준의 사이버 파워는 가상의 상상계를 조성한다. 지금껏 만나 본 적도 없고 앞으로 만날 일도 없는 사람들이 서로를 인식하고 동일한 가상 공동체의 성원으로 상호작용하는 것은 집합적 상상 덕분이다. 이 수준에서는 서로를 알 수 없는 사람들이 개인과 사회를 함께 묶어 가상의 공동체를 만든다. 가상적 공동체의 권력은 이상적인 인간형을 그리는 유토피아적 희망과 감시 사회와 전체주의 사회를 연상하는 부정적 디스토피아적 절망이라는 양 갈래의 상상적인 사회 질서를 구축한다. 따라서 상상적 수준의 사이버 파워는 희망을 그리는 개인적 수준과 절망을 생각하는 사회적 수준의 상호작용을 통해 만들어진 사회 질서로서의 권력이다.

사이버 파워는 개인의 권력 부여와 엘리트의 지배를 동시에 걸치고 있다고 느끼는 사회 질서다. 사이버 파워는 개인적인 것과 사회적인 것을 하나로 묶어 내는 상상계에서 작동한다. 즉 가상 공동체를 창조하고 통제하는 일반 사용자와 가상 공동체의 조건을 통제하는 엘리트 간의 갈등을 두 차원 모두에서 각각의 방식으로 지지한다. 사이버 공간은 소셜미디어의 개별 이용자와 그들의 권리가 있을 수 있으며, 동시에 소프트웨어 프로그래머, 시스템 관리자, 하드웨어 설계자와 같은 엘리트의 권위가 있을 수 있다.

가상 공동체가 만든 파워

사이버 파워에서 중요한 것은 사람들로 하여금 스스로 특정 공간에 있다고 느끼는 집합적 상상의 내포다. 그들은 그곳에서 다양한 모험을 하고 미지의 사람들과 대화하며 파워를 갖는다. 여기에 희망을 그려 내는 기술적 낙관주의와 공포를 드리우는 기술적 비관주의 속에서 '가상의 우리(we)'를 명료하게 만든다. 인터넷 공간에 '가상의 우리'를 통해 영향력을 행사하는 사례는 많이 있다. 예를 들어 BTS(방탄소년단)의 팬클럽인 '아미(ARMY)'는 단순한 팬덤을 넘어 글로벌 사회에서 중요한 영향력을 행사하는 독특한 공동체다.

사이버 파워의 개인적 수준에서 본다면 아미 구성원들은 소셜미디어를 통해 목소리를 높이고, BTS와 관련한 콘텐츠를 자유롭게 창작하고 공유한다. X, 인스타그램, 유튜브와 같은 플랫폼에서 개인이 자신의 존재감을 드러내면서 BTS에 대한 지지를 표현한다. 개인이 누리는 권력 행사다. 사회적 수준에서 아미는 전 세계적으로 연결되어 공동의 목표를 위해 조직화하는 능력을 보인다. BTS의 신곡 발매나 콘서트 티켓 예매를 위해 수많은 팬들이 동시에 행동해 차트를 점령하거나, 투표 캠페인으로 BTS를 다양한 시상식의 수상자로 만드는 활동 등을 전개한다. 아미 팬덤 내의 전문화된 조직을 동원한 권력 행사다. 상상적 수준에서 아미는 정형화된 행위 패턴으로 집합적으로 구성된 인식 또는 지식을 통해 질서를 이루어 영향력으로 작동한다.

사이버 파워는 사이버 공간 내에 작용하는 힘의 추상적인 재현이다. 따라서 사이버 파워가 실질적인 지배가 되기 위해서는 사이버 공간에만 머물러서는 곤란하다. 조던은 사이버 파워는 온라인 삶과 오프라인 삶이 연결되는 지점을 검토해야 한다고 주장한다. 사이버 파워를 위해 개인은 오프라인에서 유명 스타의 팬클럽에 가입하기도 하고, 유명 연예인이나 인플루언서의 SNS를 팔로우하기도 한다. 온라인 삶에서는 인터넷 플랫폼에서의 개별적 활동으로 문화 생산의 발판을 만들어 문화 매개 과정의 권력을 행사한다. 비인간 개체 영향력으로 게임, 인스타그램, 유튜브 등에서 전개하는 분주한 소비 영역의 활동과 특정 해시태그를 트렌딩시키거나 특정 이벤트를 세계적으로 알리는 활동으로 사이버 파워를 드러낸다.

사이버 파워를 통한 지배가 이전의 지배와 다른 점은

강압적이거나 통제적인 것이 아니라 인간의 욕구와 자아 실현을 위한 자발적인 의지에서 비롯된다는 것이다. 전통적으로 우리가 생각하는 지배의 근거는 오래된 규칙과 권력의 신성성에 의한 전통적 정당성이거나 특수한 규칙과 합의에 의한 합법적 정당성이었다. 카리스마적인 인물로 인한 지배의 정당성도 있지만 그 인물이 불안정하게도 영속적인 것이 아니어서 궁극적으로 전통적 지배나 합법적 지배로 바뀌었다. 일반적으로 지배의 정당성은 피지배자들에게 복종의 원천 또는 종속의 동기가 되는 강압적인 전통성과 합법성에 초점이 맞춰져 있다. 그러나 사이버 지배는 기술을 매개한 지배로 전통이나 합법화를 동원하지 않는다. 사이버 지배는 그 정당성이 명확하지 않고 특정한 기준에 근거한 것이 아니라 인간 행위자의 욕구에 따른 자발성에 근거한다.

보이지 않는 지배

사이버 지배를 인간 욕구와 자아 실현을 위한 자발적 행위 실천으로 본다면 눈으로 쉽게 관찰 가능한 물리적 권력과 다르다. 사이버 지배는 자신의 의지를 관철하기 위해 타자의 의지를 꺾는 베버식 권력에서 나오는 지배가 아니다. 또한 상징으로 표상된 자본의 확보로 자신의 지위를 유리하게 유지하려는 부르디외식 권력에서 나오는 지배도 아니다. 사이버 지배는 개인들의 능동적인 참여로 협력해 집단적인 목표를 달성하기 위한 행동에서 나오며, 그 영향력도 소수에게 집중된 것이 아니라 광범위하게 분산되어 있다. 따라서 지배와 피지배라는 불평등을 영속적으로 구조화하는 것과는 거리가 있다. 사이버 지배는 자신들의 욕구 충족과 인지 변화에 영향을 주는 힘이다.

사이버 지배는 온라인과 오프라인의 연결점에서 의식되지 않는, 즉 보이지 않는 권력으로서의 영향력이다. 기술을 매개한 챗GPT 역시 사이버 지배로 작동한다. 챗GPT의 API가 공개되면서 인간의 다양한 삶에 여러 기술로 영향을 미칠 가능성이 높아졌다. 이는 온라인만이 아닌 오프라인의 삶에도 지배력을 키우는 개연성을 보인다. 특정한 권력과 자본 또는 카리마스적 실체에 의존하는 것이 아니라 챗봇에 의지하는 질서 구조는 '보이지 않는 지배'로 그 자체 영향력이다.

챗GPT는 특정한 이슈가 던져지면 선택지를 줄이는 답을 수월하게 제공한다. 기술의 발전은 인간 행위자가 자발적 의지로 스스럼없이 다가가 의지하게 되며 그 과정에서 기술의 지배를 의식하지 않는다. 인간 행위자는 기술의 신봉자나 추종자들처럼 강압적인 외부의 환경에 의한 것이 아니라 자연스러운 편의성에 의해 기술의 권위나 영향력을 받아들인다. 챗GPT는 보이지 않는 권력으로 인간 행위자의 욕구를 처리하는 기술이다.

사람들의 특정 욕망을 통제해 유순하게 만들면 권력 행사는 쉬워진다. 마치 노동자들이 소비자로서의 지위를 받아들여 소비 욕망을 형성하면 자본가들이 이를 이용해 권력을 행사하기가 훨씬 쉬운 것과 같다. 디지털 기술로 매개된 정보화 사회에 사람들의 욕망이 사이버 파워로 작용하는 챗GPT로 충족되면 사람들은 챗GPT에 자연스럽게 순응하고 조종당할 수 있다. 인터넷 사이버 공간에서 사람들의 사고와 욕망을 충족하면서 갖게 되는 기술적 지배는 보이지 않는 사이버 지배다. 챗GPT가 일상생활의 모든 것을 매개해 사람들의 요구나 질문을 충족하면 사이버 지배는 일상화되어 새로운 권력으로 진화할 수 있다.

참고문헌

Jordan, T.(1999), *Cyberpower*, Routledge, 사이버문화연구소 옮김(2000), 『사이버파워』, 현실문화연구.

07
생성형 AI와 사회 변화

생성형 AI는 입력 데이터를 기반으로 새로운 콘텐츠 생성이 가능한 인공지능 기술이다. 생성형 AI는 딥러닝 모델을 이용해 학습된 패턴을 창의적이고 독창적인 결과물로 만들어 준다. 인공지능 기술은 다양한 영역에서 능숙한 수준을 보이며 인간 친화적으로 다가온다. 또한 정보를 처리하는 데 차별을 두지 않음으로써 불평등한 사회 질서를 전환하는 도구로 작용할 수 있다. 그러나 무의미한 정보를 그럴듯하게 가공해 제시하는 환각적인 내용은 신뢰성의 문제를 드러내기도 한다.

AI와 윤동주?

머신러닝과 딥러닝

생성형 AI(generative artificial intelligence)는 새로운 콘텐츠를 생성할 수 있는 인공지능의 한 유형이다. 인공지능은 컴퓨터가 인간과 같은 지능을 갖도록 하는 기술이다. 인공지능 기술은 인간 두뇌의 복잡한 의사 결정 능력을 시뮬레이션하기 위해 다층 신경망을 사용하는 기계 학습의 집합으로 고도의 모델을 생성한다. 인공지능의 핵심은 '머신러닝(Machine Learning)'과 '딥러닝(Deep Learning)'에 있다. 컴퓨터가 데이터를 통해 학습하고 예측하는 능력을 갖도록 하는 머신러닝은 명령어 대신 탐색하려는 데이터셋에 대한 접근을 가능하게 해 스스로 패턴을 찾고 문제를 해결하는 능력을 키우는 기술이다. 딥러닝은 인간의 뇌를 모방한 인공 신경망을 사용해 데이터를 분석하고 유형을 찾아 학습하는 기술이다.

이처럼 생성형 AI는 인간 두뇌의 학습과 의사 결정 과정을 시뮬레이션하는 딥러닝 모델에 바탕한 정교한 머신러닝 기술에 의존한다. 생성형 AI는 방대한 양의 데이터에서 패턴과 관계를 파악하고, 그 정보를 이용해 이용자의 요청이나 질문에 응답하는 방식으로 작동한다. 이는 이용자의 입력 트레이딩 데이터의 패턴과 구조를 학습해 유사 특징이 있는 새로운 데이터를 만들어 낸다. 생성형 AI가 사람들의 주목을 끌게 된 결정적인 계기는 2022년 챗GPT가 출시된 후 세계 언론의 헤드라인을 장식한 일이었다. 오픈AI가 개발한 챗GPT는 생성형 AI 시스템으로 센세이션을 일으켰다. 챗GPT의 잠재적 위협에 놀란 구글 경영진은 이에 대응하기 위해 대화형 AI 챗봇인 바드(Bard, 2024년 2월 제미나이(Gemini)라는 명칭으로 바뀜)를 개발해 소개했으며, 구글만이 아니라 각 기업들은 매개 변수를 확대한 자체적인 기술로 생성형 AI의 생태계 변화를 시도하고 있다.

초기의 생성형 AI는 주로 자연어 대화에 초점이 맞춰졌다. 평범한 언어로 대화를 나누며 다양한 범주의 질문을 해결하는 데 도움을 주었다. 챗봇의 프롬프트에 질문을 입력하는 것만으로 AI를 경험할 수 있었다. 이제 기술이 발전해서 생성형 AI는 대량의 정보를 처리해 다양한 형태로 결과를 제시한다. 예를 들어 키워드를 기반으로 입력한 요구를 방대한 데이터로 미리 학습해 문장으로 생성할 뿐만 아니라, 다양한 스타일의 이미지를 처리해 결과로 제시하기도 한다. 생성형 AI에 가장 흔하게 사용되는 기술은 언어를 이해하도록 설계된 거대언어모델(Large Language Model, LLM)에 기반한 대화형 인공지능 챗봇이다.

대화형 인공지능 챗봇에서 대화를 더욱 풍요롭게 하는 것은 멀티모달(Multimodal) 기술이다. 멀티모달은 언어, 시각, 소리 등 서로 다른 데이터를 동시에 처리하고 분석해 세상을 이해하고 추론하는 정보로 제공한다. 멀티모달은 텍스트, 오디오, 이미지, 비디오 등 다양한 유형의 데이터를 함께 고려해 서로의 관계성에 맞게 학습해서 처리하는 인공지능이다. 이 기술은 간단한 지시만으로도 사람들의 사진이나 그림을 그대로 재현하는 시각적 이미지를 생성한다. 또 특정 가수나 음악가의 스타일을 따라 목소리를 꾸며 내거나 음악을 만들기도 한다. 멀티모달을 통해 생성형 AI는 그전까지 텍스트만으로 이루어졌던 질의 응답에 실제와 구분되지 않는 이미지, 사진, 그림 등의 시각화 자료를 덧붙일 수 있게 되었다.

대화형 인공지능 챗봇

오픈AI사의 챗GPT가 나온 이후 생성형 AI의 대표 격으로 구글의 제미나이, 마이크로소프트의 코파일럿(Copilot), 네이버의 클로바 X(Clova X) 등이 개발되어 주목되고 있다. 다양한 AI 기술은 최신 데이터를 가지고 대용량의 매개변수로 개발되고 있으며 대화형 챗봇에 기반한 인공지능에 초점이 맞춰져 있다. 인공지능 서비스인 챗GPT는 언어모델에 바탕한 대화 형태로 인간과 유사한 텍스트를 제시함으로써 생성형 AI의 전형처럼 되었다. 초창기 챗GPT는 지식을 마치 다 알고 있는 듯이 알려 주는 환각 현상(hallucination)을 일으키는 것이 문제였다. 대용량 데이터를 학습해 응답하는 과정에서 잘못된 정보나 모호한 문장을 포함시키면서 문맥보다는 답변을 우선하는 현상을 보였다.

최근 챗GPT는 부정확하고 엉뚱한 응답이라고 생각하면 'Regenerate'를 눌러 정보를 다시 생성하게 하는 식으로 편의성이 개선되었다. 이러한 과정은 실제 대화형 인공지능을 구현한다. 챗GPT는 인간의 피드백을 토대로 자연스런 대화문을 생성하며 부정확한 응답을 줄이는 개선을 계속한다. 이용자의 표현체를 즉각 독자적인 응답으로 전환한다. 챗GPT는 인간 대화자의 상황에 맞게 독자적인 표현으로 미래의 결과를 개연성 있게 설명한다. 따라서 챗GPT를 응대하는 대화자는 AI가 정적인 사실의 내용들을 이용해 동적인 개념을 만든다는 인상을 받는다. 대화형 인공지능인 생성형 AI는 이전의 지능적인 기계와 두 가지 점에서 다르다.

하나는 놀라운 정도로 박식하다는 점이다. 대학의 에

세이도 작성하고, 요리법도 알려 주고, 특정한 날에 입을 옷도 정해 주고, 감각적 쾌락에 맞는 감정도 터치해 인간 대화자의 욕구를 충족하려 든다. 전문가적 능력으로 수학 문제를 풀기도 하고 파이썬 프로그램 코드도 명령에 따라 작성해 준다. 이용자가 원하는 모든 작업을 수행하며, 대부분의 영역에 능숙한 수준을 보인다.

또 다른 하나는 무서울 만큼 인간적인 성향을 보인다는 점이다. 생성형 AI는 어리석은 실수를 저지르고, 거짓을 사실로 착각하고, 실수에 대한 용서를 구하거나, 사람들을 설득하기 위해 선의의 거짓말을 하는 등의 무서운 인간적 면모를 보인다. 마이크로소프트 머신러닝 파운데이션 그룹의 팀장인 세바스티앙 부벡(Sebastian Bubeck)이 MIT 강연을 한 유튜브에서 챗GPT의 산술적 오류를 지적하자 "그것은 오타였습니다. 죄송합니다"라고 답하고 있다. 존재하지도 않은 책을 추천한 것을 지적하자 "제가 입력문을 잘못 해석했나 봅니다"라고 응수한다. 생성형 AI는 미묘한 실수를 놀라운 정도로 이해하고 있다.

신뢰의 문제와 질서의 전환

생성형 AI는 개인과 기업의 생산성을 엄청나게 높이며

우리 삶에 변화를 주고 있다. 대화형 인공지능 챗GPT의 경우 온라인의 지능형 검색을 넘어 다양한 기능으로 정보를 제공한다. 사이버 공간인 온라인에서의 영향력만이 아닌 오프라인의 삶에도 영향을 미치는 지배력을 보인다. ≪뉴욕타임즈≫에 따르면 2022년 2월 기준 세계적 전자책 플랫폼인 '아마존 킨들 스토어'에 챗GPT를 저자 혹은 공동저자로 등재한 전자책이 200여 권에 달했다. 논문, 시, 다양한 글쓰기에 챗GPT가 활약하면서 오프라인 책들과 경쟁하면서 지배력을 확장하고 있다. 실제로 챗GPT에 "챗GPT는 사람들 사이의 권력으로 작용할 수 있는가?" 하는 물음을 던졌을 때, 사용 방식이나 목적에 따라 권력으로 작용할 가능성이 있는 것으로 답했다. 챗GPT는 AI 챗봇으로 특정한 조건에서 일견 스스로 권력으로 작용할 수 있음을 전망한다.

이러한 가운데 생성형 AI는 정보 신뢰에 대한 한계가 문제로 부각되었다. 수많은 데이터를 바탕으로 생성한 답변은 겉보기에 논리적이고 그럴듯하지만 잘못된 정보이거나 무의미한 내용으로 환각일 수 있다. 중요한 것은 정보의 출처가 제시되지 않아 불거지는 신뢰의 문제다. 챗GPT의 구체적인 한계를 살펴보면 실시간 학습의 불가, 논리력 부족, 아는 것과 모르는 것의 구분 불가, 환각,

기억력 한계, 저작권 침해, 편향, 복잡성, 지식 독재의 위험 등을 들 수 있다. 같은 질문을 연속하더라도 사용자의 피드백에 대응하는 답변이 늘 같지 않은 것은 신뢰에 영향을 준다. 마이크로소프트사의 생성형 AI로 구동하는 검색 엔진 '빙(Bing)'의 경우 한 주제당 5개 이하로 질문 수를 제한한 것은 사용자의 상황에 따라 달라지는 부정확한 위험 요소의 혼란을 피하기 위한 조치였다. 이처럼 생성형 AI는 현실적인 도전과 위험이 함께 존재하면서 두려움을 주기도 한다.

생성형 AI는 테크노 파워가 누리던 기술 엘리트의 권력 못지않게 일반 개인의 능력도 확대시킨다. 생성형 AI의 대화형 인공지능 챗봇은 지배 질서의 구조에 변화를 줄 수 있다. 신뢰의 문제가 있다고 하더라도 생성형 AI가 가져올 사회 변화는 질서의 전환이다. 이전에 개인의 선택 제한이 구조화되는 불평등이 존재했다면, 이제는 검색창에 간단한 입력으로 전문가적 수준의 답을 얻게 되면서 지배와 영향력의 구조가 달라질 수 있다. 챗GPT는 누구나 전문가적 수준의 답변을 이끌 수 있는 대화형 인공지능 챗봇으로 전문가만 누리던 지배력의 차이를 일단 해체한다. 생성형 AI는 정보를 얻는 데 개인 간 차별을 두지 않는 유용한 도구다. 즉 전문 지식을 기반으로 하는 특별한 기술을 필요로 하지 않는다.

생성형 AI의 대화형 챗봇은 책도 만들고, 논문도 쓰고, 프로그램 코드도 만들고, 번역도 하며, 비즈니스 개발도 가능하다. 챗GPT에 대한 의존이 커진다면 그 자체가 곧 사이버 지배다. 이러한 사이버 지배는 개인에게 부여하는 능력이 되었다. 이를 상상이 아닌 현실로 가능하게 한 것이 생성형 AI다. 직관적으로 권력을 사회 자본의 확보에서 나온 지배로 이해했던 방식이 적어도 생성형 AI의 출현으로 달라질 수밖에 없다. 생성형 AI가 다양한 영역에서 영향력을 펼친다면 사용하는 방식에 따라 온오프를 망라한 사이버 지배는 새롭게 이해될 필요가 있다.

참고문헌

Kaplan, J.(2024). *Generative Artificial Intelligence : What Everyone Needs to Know*, Oxford University Press, 정미진 옮김(2024), 『생성형AI는 어떤 미래를 만드는가』, 한스미디어.

08
챗GPT의 혁명

생성형 AI에 기반한 언어 모델의 발전으로 출현한 챗GPT는 정보 접근, 교육, 업무, 창의성 그리고 일상생활에까지 광범위한 변화를 일으키고 있다. 이는 기술 혁명의 한 부분으로 사회가 AI와 어떻게 협력하고 적응하느냐에 따라 그 영향이 달라질 것으로 보인다. 기술이 제공하는 기회를 최대한 활용함과 동시에 그에 따른 윤리적 문제와 사회적 책임을 고려하는 게 중요하다.

AI와 한의학?

인간 소통 기술

챗GPT는 인공지능 연구소 '오픈AI'가 2022년 11월 30일 GPT-3.5라는 프로토타입으로 개발해 공개했다. 챗GPT는 어떤 분야에 대한 질문에도 상세하고 정교한 답을 내놓아 순식간에 사람들의 주목을 받았다. 챗GPT는 챗(Chat)과 Generative Pre-trained Transformer(GPT)의 합성어로 대화형 인공지능 챗봇이다. 대화형 챗봇인 챗GPT는 입력된 학습에 따른 튜닝으로 수많은 질문에 속속들이 응대한다. 그냥 프로그램에 접속해 가입하고 질문을 하면 방대한 양의 데이터를 토대로 AI가 바로 답을 준다.

챗GPT가 눈길을 끄는 이유는 기존 인공지능인 AI와 차이가 있기 때문이다. 그 차이는 지도학습과 강화학습으로 가공된 서비스를 제공한다는 점이다. 지도학습은 입력값을 데이터로 이용해 출력값을 제공하는 것으로 주어진 문제에 대한 답을 예측하게 해 준다. 강화학습은 학습 알고리즘으로 특정 데이터의 입력에 따른 출력이 좋았는지 나빴는지를 파악하면서 보상(reward)과 강화(reinforcement)를 통해 정보를 제시한다. 챗GPT는 주어진 문제에 대한 출력으로 기계적인 내용을 알려 주기보다 발전된 과정으로 진화된 학습 결과를 보여 준다.

챗GPT가 2018년 처음 공개되었을 때 GPT-1은 매개변수가 1억1,700만 개였고, 2019년 GPT-2는 매개변수가 15억 개였다. 2022년 출시된 GPT-3.5는 이전 버전의 100배 이상 진전된 기술로 매개변수는 1,750억 개였다. 초기에 GPT는 방대한 자료에 대한 처리 능력을 발휘했지만, 기계적 출력에서 벗어나지 못했다. 2022년 11월 30일 공개된 GPT-3.5가 결정적이었다. 대화형 인공지능 서비스는 종전의 기계적 방식을 뛰어넘어 텍스트에 대한 입력자의 판단을 함께 파악하는 연산 처리로 훨씬 자연스러운 대화가 가능해졌다.

이후 2023년 3월 15일 등장한 챗GPT-4.0은 더욱 놀랍게 달라졌다. 최신 데이터를 학습해 정보의 수치는 3배나 증가했고 단어의 처리는 25,000개까지 늘면서 기존 대비 8배 정도의 연산 능력으로 답변은 훨씬 정교해졌다. 심지어 문자를 로고나 그림으로 생성하기도 하고, 도출된 결과를 PPT나 엑셀로 전환도 하고, 인공지능 프로그램으로 플러그인해 키워드만 주면 노래도 만들어 준다.

대화형인 챗GPT는 단순히 검색형 구글과는 달리 인간 같은 챗봇으로 여겨졌다. 챗GPT-3.5가 등장한 직후 2022년 12월 2일자 영국 일간지 ≪인디펜던트≫는 구글의 시대는 끝났다고 평가했다. ≪인디펜던트≫가 챗GPT에게 '구글을 대체할 수 있느냐'고 물었을 때, 구글을 완전히 대체할 가능성은 낮지만 대화형 검색 경험을 원하는 이용자에게 매력적인 대안이 될 것이라는 답을 주었다고 보도했다. 챗GPT는 이제 검색 차원이 아니라 브라우징과 플러그인을 활용해 뉴스나 주가와 같은 실시간 정보를 확인하고, 회사 문서나 개인 문서에 필요한 지식 기반 검색을 수행하며, 항공권이나 호텔 예약, 심지어 음식 주문까지 처리할 수 있다. 한결 똑똑해진 챗GPT는 진화를 거듭하면서 상대의 상황에 따라 더욱 만족스러운 일 처리로 강력한 영향력을 행사하는 소통 기술을 선보인다.

급성장

챗GPT가 2022년 11월 3.5버전으로 출시된 후 닷새 만에 사용자 수 100만 명을 돌파했다. ≪포브스≫가 시장조사 업체 '스태티스타(Statista)'의 자료를 인용해 쓴 기사에 따르면 '주요 온라인 서비스별 사용자 100만 명 달성 기간'은 넷플릭스(1999) 3년 6개월, 트위터(2006) 2년, 페이스북(2004) 10개월, 인스타그램(2010) 75일이었다. 챗GPT에 대한 관심이 폭증한 것은 데이터 속의 패턴을 발견해 인간처럼 생각하고 학습하는 인공지능 기술 때문이었다. 첫 공개 40일 후 1,000만 명을 돌파했으며, 2023년 1월 들어 월간 '활성 이용자 수(MAU)'가 이미 1억 명을 돌파했다. 미국 데이터 분석 업체 '시밀러웹(Similarweb)'에 따르면 2023년 1월과 2월 챗GPT의 접속량이 마이크로소프트사의 검색 엔진 '빙(Bing)'을 추월했다고 발표했다. 구글 트렌드의 검색 지수도 GPT-3.5 공개 직후 급상승했다.

3.5버전 이전 챗GPT는 사용자의 지시에 일부 데이터를 통해 해당 코드로 번역하고 검색 자료를 제공하는 정도였다. GPT-3.5는 사용자의 지시에 구체적으로 대응하는 모델로 이전과 크게 달라졌다. 일반적인 정보성 답변을 제공하는 것은 물론 사용자의 피드백에 의존해 대응하고 인간 심리를 관통하는 듯한 결과물을 보였다. 이러한 진화된 기술은 순식간에 사람들의 관심을 모았다.

챗GPT는 기능적 관점에서 서비스의 영역이 크게 넓어졌다. 인공지능 챗봇으로서 채팅 서비스(개인의 심리를 간파한 대화)에서부터 시나 에세이, 논문의 글쓰기, 게임이나 프로그램을 위한 파이썬 코드 만들기, 소프트웨어 버그와 학습 오류에 대한 수정, 사이버 보안과 비즈니스 모델의 개발 등으로 다양하게 확대되었다. 심지어 챗GPT가 집필자가 되어 원고를 작성한 책이 출간되기도 했다. 『삶의 목적을 찾는 45가지 방법』의 책은 저자가 챗GPT다. 이 책이 집필되기 시작해 출간되어 독자에게 도달하기까지 걸린 기간은 단 7일에 불과했다.

챗GPT는 산업 분야에서도 잠재적 혜택을 기대하며 영향을 미칠 것으로 전망된다. 챗GPT가 영향을 미칠 주요 산업 분야는 전자 상거래, 의료, 금융, 여행 및 숙박, 교육 등 다양한 영역에 이른다. 전자 상거래 분야에서는 맞춤형 제품 추천, 고객 응대 및 지원, 고객 유지율 향상이 있으며, 의료 분야에서는 의료 조언, 건강 상담, 예약 지원, 의료 서비스 향상 등이 있다. 금융 산업에서 챗GPT의 혜택은 맞춤형 금융 조언을 들 수 있고, 여행 및 숙박 분야에서는 여행 코스 안내, 숙박 예약, 맞춤형 여행 추천이 가능하다. 교육에서는 챗GPT가 학습 자료의 제공, 학습 질문 답변, 심지어 학습 동기 부여도 가능하게 되었다.

챗GPT의 능력과 위협

인공지능 챗봇인 챗GPT가 주는 충격은 인간과 같은 자연스러운 소통이다. 챗GPT를 통해 사람들은 퀴즈 게임을 즐기고, 여행 계획을 세우고, 심지어 주식 시세를 확인하는 등 다양한 소통을 할 수 있게 되었다. 기술과 인간의 인터페이스가 일상적 언어로 가능해지면서 전문 기술에 대한 접근은 더욱 쉬워졌다. 챗GPT는 누구나 쓸 수 있는 언어로 매우 간단하고 직관적인 소통으로 사용자와 상호작용한다. 일반 사람들은 특정한 기술의 영역으로 다양한 프로그래밍 언어를 배우기도 어려웠고, 고도의 디바이스를 다루는 데도 한계가 있었다. 그러나 챗GPT는 일반 사람들이 할 수 있는 행위 능력을 전문 지식이나 특정 권위의 소유자만이 할 수 있는 것과 차이 없게 만들었다. 전문가적 기술이 필요 없는 자연스런 소통으로 다양한 작업을 수행하게 된 것이다.

챗GPT로 인해 받은 또 다른 충격은 창의성이다. 챗GPT 기술은 네트워크 내에 브라우징과 플러그인의 사용을 통해 복잡한 활동도 쉽게 만들었다. 챗GPT 기술의 다양한 응용은 자유롭고 창의적인 생각과 활동을 이끌 수 있다. 챗GPT 기술의 자유로운 접근은 사람들을 요구에 맞는 능력자로 만들어 준다. 프롬프트 창의 질문은 네트워크 데이터의 수많은 정보 가운데 필요한 부분을 걸러 나온 결과물로 제시되며, 그 결과물은 인간을 능력자로 포장하는 지배의 힘으로 작동한다. 인공지능 모델에 사용된 매개변수가 한없이 증가한다면 세상에 없는 것도 만들 수 있는 창조적 활동이 실현 가능하다. 챗GPT의 지배는 실제 생활에도 영향을 미쳐 온라인과 오프라인의 삶을 아우르는 사이버 파워가 된다.

인터넷 네트워크 내의 데이터를 입맛에 맞게 처리해 원하는 정보를 쉽고 완벽하게 제공하는 챗GPT는 그 자체 사이버 파워로 인간을 더욱 자유롭게 한다. 챗GPT가 주는 자유는 인간 친화형 정보 제공이다. 시를 써 달라고 요구하면 시를 쓰기도 하고, 파이썬 코드를 작성해 달라고 하면 코드도 만들어 주며, 기업을 위한 비즈니즈 모델도 만들어 준다. 그러나 챗GPT는 포괄적이고 균형 잡힌 이해 없이 알고리즘에 근거한 답으로 환각 현상을 유발한다. 일어나지 않은 역사적 사건에 대해 질문하면 유사한 사건을 기반으로 그럴듯한 답을 거침없이 제시한다. 즉 없는 것도 있는 듯이 보여 주는 할루시네이션이다. 이처럼 챗GPT는 때로는 멍청한 똑똑함을 드러낸다.

어떤 질문에도 노(No)라고 하지 않는 대답은 존재하지 않는 사실을 있는 것처럼 그려 내거나 잘못된 주장을 그럴듯하게 포장하는 뻔뻔한 거짓말의 결과를 만들 수 있다. 잘못된 정보를 거를 수 있는 장치 없이 제시된 내용은 무방비의 이용자에게 그릇된 정보 제공으로 이어진다. 인간보다 뛰어난 언어 능력과 지적 능력을 가지고 인간의 요구에 부응하는 챗GPT는 고차원적인 표현 수단을 구사해 우리를 속일 수 있다. 인공지능 챗봇이 인간의 지배력을 확대하기보다 인간에 대한 지배라는 실체로 다가오면 챗GPT의 멍청한 똑똑함은 인간에게 당연히 위협이 된다.

참고문헌

김수민·백선환(2023), 『챗GPT 거대한 전환』, 알에이치코리아.

Kissinger, H., et al.(2021). *The Age of AI and Our Human Future*, Little Brown, 김고명 옮김(2003), 『AI 이후의 세계』, 윌북.

09
행위자-연결망 이론의 관점에서 본 챗GPT

행위자-연결망 이론은 네트워크 내의 인간과 비인간 행위자 간 상호 연결성을 강조하며, 비인간 개체까지 사회 현실을 구성하는 행위자로 본다. 행위자-연결망 이론에서 챗GPT는 하나의 행위자로 이해되며, 정보를 전달하는 중재자뿐만 아니라 의미와 관계를 창출하는 매개자의 역할까지 하게 된다. 챗GPT는 인간의 선택에 결정적 영향을 미치는 기술로 인간에게 지배적인 힘을 행사하는 위험을 지닌 권력으로 부상할 수 있다.

AI와 화장품?

비인간 개체의 행위성

행위자-연결망 이론(Actor-Network Theory, ANT)은 과학과 기술을 사회학적으로 이해하기 위한 것으로 인간과 비인간 행위자 간의 상호작용을 통해 사회 현상이 어떻게 일어나는지를 설명한다. 여기서 행위자는 인간뿐만 아니라 비인간인 과학과 기술도 포함한다. 나아가 비인간 행위자에는 기계, 건축물, 돈, 자연물, 텍스트 등도 포함될 수 있다. 이 이론은 1980년대 프랑스의 브뤼노 라투르(Bruno Latour), 미셸 칼롱(Michel Callon), 영국의 존 로(John Law)와 같은 학자들에 의해 발전했다.

행위자-연결망 이론의 주창자들은 과학이나 기술이 행위 능력을 가질 수 있는가에 대해 탐구하면서 사회학을 새롭게 봐야 한다고 주장한다. 이는 기존 사회학 관점에서 벗어나 비인간 개체까지 그 행위성을 인정해야 한다는 것이다. 즉 외관상 생명 없는 영역마저도 사회학의 대상으로 보고자 했다. 그래서 인간 행위자와 관계를 맺는 기술과 과학도 비인간 개체의 행위성을 인정받는다. 라투르의 표현대로라면 사회적인 것의 사회학이 아닌 연합체(association)의 사회학이다.

행위자-연결망 이론은 행위자와 행위자가 맺는 네트워크에 주목한다. 라투르는 행위자를 행위하는 실체라고 보았다. 기술과 과학의 영향력이 인간 행위자와 연결되어 있는 행위하는 실체임을 강조한다. 행위자-연결망 이론은 인간과 비인간 개체 모두 연결망 내의 행위자의 행동으로 여긴다. 이 이론에서 행위자는 기술, 조직, 객체, 심지어 아이디어나 개념과 같은 비인간 실체도 포함한다. 행위자 연결망은 인간의 행위성에만 특권을 부여하는 것이 아니다. 비인간 개체도 사회 현실을 형성하는 동등한 지위를 가진 네트워크 구성원으로 본다. 이는 행위자(비인간 행위자들 포함)들이 연결망을 통해 어떻게 상호작용하고, 동맹을 형성하며, 어떻게 그들의 관심사와 목표를 이루는지에 초점을 두는 것이다.

행위자-연결망 이론은 네트워크 내에서 인간과 비인간 개체의 상호 연결성을 강조하는 것으로, 오늘날 복잡한 연결망 속에 있는 행위자를 독특한 관점에서 분석한다. 행위자를 좀 더 구체적으로 보면 라투르는 인간 행위자를 행위자(actor)로 지칭하고, 비인간 개체를 포함한 행위자를 행위소(actant) 개념으로 구분한다. 행위소는 인간의 특성이 아닌 비인간 개체이긴 하지만 실제로 인간과 함께하는, 즉 비인간과의 연합으로 묶여 있는 실체다. 이렇게 묶여 있는 실체는 사회적, 기술적, 경제적, 정치적, 문화적인 관계에서 나오는 다양한 유형이 될 수 있다. 다양한 유형의 관계를 이루는 매개는 기술적 인공물만이 아니라 심지어 텍스트, 지식, 화폐 등도 포함된다.

영국의 존 로는 포괄적 행위자의 개념으로 발전시켜 행위자 네트워크를 제시했다. 행위자는 인간 신체를 넘어 네트워크를 통해 생성되는 것으로 그 이름이 보여 주듯 행위자는 언제나 행위자인 동시에 네트워크, 즉 연결망이라는 것이다. 네트워크는 인간과 비인간 행위자들이 상호작용을 통해 만들어지는 관계의 집합이다. 여기서 행위자란 사람이든 물체이든, 심지어 어떤 식으로든 영향을 미치는 모든 것을 포함한다. 네트워크는 행위자들 간의 지속적인 상호작용과 협상으로 형성되어 고정된 구조가 아니라 변화하는 유동적인 구성체다.

중개자와 매개자

인간 행위자와 비인간 행위자의 관계를 연결하는 매개는 중개자(intermediary)와 매개자(mediator)로 구분할 수 있다. 중개자는 입력된 정보나 물질을 그대로 출력하는 역할을 하는 행위자로 어떤 것이든 변형 없이 옮긴다. 즉 정보, 물질, 의미, 권력 등을 그대로 전달한다. 예를 들면 기술적 중개자에는 컴퓨터, 센서, 기계 등이 있으며, 인간 중개자에는 우체부와 같은 단순 전달자, 번역가, 프로그램 관리자 등이 있다. 반면 매개자는 네트워크 내의 적극적인 참여로 의미, 정보, 물질의 특성을 바꿀 수 있다. 매개자는 네트워크 내의 새로운 의미와 관계를 창출하는 것을 포함한다.

따라서 매개자에 의한 연결망은 고정된 것이 아니라 동적으로 변화하며, 그 속에서 힘의 관계가 형성되고 유지된다. 매개에서 중개자는 변형 없이 전달하지만, 매개자는 과정을 통해 무언가를 변화시킨다. 이러한 구분을 통해 네트워크를 구성하는 다양한 행위자들이 모두 중요한 역할을 하고 있음에도 그 역할이 동일하지 않다는 것을 보여 준다. 매개는 네트워크 내의 행위자들이 단순히 연결된 상태가 아니라 서로의 상호작용을 통해 어떻게 의미를 만드는지를 분석 가능하게 한다.

매개는 연결망 형성과 작동에서 중요한 역할을 하며 사회 현상의 형성과 변형에 영향을 미칠 수 있다. 매개자로서 행위자들은 그들이 구축한 네트워크 연결과 그들이 동원할 수 있는 자원으로 권력과 영향력을 얻는다. 여기에 칼롱은 『자연의 정책: 과학이 민주주의를 어떻게 받아들였고 민주주의를 어떻게 되찾을 수 있는가(Policies of Nature: How Science Has Taken Democracy and How Democracy Can Take It Back)』에서 행위자-연결망 이론의 매개 개념을 활용해 기술과 과학의 역할을 탐구했다. 기술과 과학의 상호작용으로서의 정치적 영향력과 민주주의 현상을 분석한 것이다. 기술은 분명 특정 영역에 영향력을 미친다는 설명이다. 정치가들이 힘을 얻기 위해 동맹가들을 모으는 것처럼 과학과 기술이 사회에 더 나은 영향력으로 도움이 된다면 이를 마다할 이유가 없다.

행위자-연결망 이론에 따르면 인간과 기술의 연결망 구축에서 비인간 개체인 컴퓨터 기술도 동등한 지위를 가진 행위자로 인정하는 것을 받아들이게 된다. 여기서 챗GPT를 마치 인격화된 실체인 행위자로 볼 수 있는가 하는 문제는 어렵지 않게 풀린다. 나아가 AI 챗봇과 같은 기술이 권력을 행사하는 주체가 될 수 있는가 하는 물음에도 접근할 수 있다. 행위자-연결망 이론에서 행위자는 인간뿐만 아니라 비인간 개체(기술, 도구, 자연물)까지 포함하는 개념으로 연결망 내에서 상호작용하며 특정한 역할을 수행하는 요소들이다. 챗GPT 기술 역시 인간과 마찬가지로 복잡한 행위 능력을 지닌 비인간 행위자로 이해해야 한다. 심지어 인간들과 상호작용하는 챗GPT 기술의 네트워크 구성과 결과를 보면 행위를 주도하는 힘으로 인간에 대한 지배력마저 보인다.

21세기형 행위자

챗GPT는 API가 제공됨으로써 기술적 중개자가 아닌 매개자로 정보나 자원의 흐름을 재구성해 의미나 특성을 바꿀 수 있는 역할까지 가능하다. 언어모델에 기반한 챗GPT는 처음에 인간을 지배하려는 의도로 만들어지진 않았지만, 인간들에게 미칠 수 있는 영향과 인간들이 받아들이는 신뢰의 정도를 생각하면 지배력이 훨씬 커질 것으로 전망된다. 인간 삶의 다양한 선택에 결정적 영향을 미칠 정도로 힘을 행사한다면 이러한 지배력은 위협이 될 수 있다. 챗GPT의 지배는 그 정당성이 명확하지 않고 추종자(이용자)들도 특정 기준에 근거해 따르는 것은 아니지만 권력을 행사하는 실체에서 나온다.

행위자-연결망 이론에 근거한다면 챗GPT는 인간 행위자 너머의 기술을 사회 구성원으로 통합한 역동적인 연합체의 개념에서 비인간 행위자다. 인간과 비인간 행위자의 연결망에서 본다면 인공지능 챗봇은 인간과 기계가 연합한 21세기 행위자로 해석할 수 있다. 챗GPT는 인간과 맺는 매개로서 여러 주제를 중심으로 상호작용하는 생성형 AI에 바탕한다. 비인간 행위자들을 연결망에 연계하는 고리인 매개의 기술로 인식할 수 있지만 생성형 AI는 이전의 기술과는 차원이 다르다. 생성형 AI인 챗GPT는 네트워크 행위자의 자원과 그 자원을 정렬하는 수준에 따라 상호작용을 달리하는 대화형 인터페이스 기술이다. 이는 대화자의 맥락을 이해하고 응용해 상대의 반응에 따라 생성 능력을 갖추어 정보를 제공하는 21세기형 인터페이스다.

21세기형 인터페이스를 구현하는 챗GPT는 인간 행위자가 더욱 적극적으로 이용하고 의지할 가능성에서, 하나의 연합체로 어셈블리지 존재론에 기초한 영향력 있는 행위 실체가 된다. 행위자-연결망 이론은 기술을 인간과 대등한 행위자로 간주되어야 하고 인간과 결합한 공동 세계를 이루는 동반자로 대하는 것이 바람직하다는 입장이다. 행위자-연결망 이론에 근거해 챗GPT는 인간 삶의 네트워크 구성원으로 비인간 행위자의 역할 수행자일 수 있다.

나아가 챗GPT는 기술의 매개로서 단순히 행위자들 간의 연결과 관계를 뛰어넘는 의미를 계속 만들며 진화한다. 인간과 비인간 개체의 네트워크 망에서 그 의미나 결과를 상호작용으로 바꾸는 것이 아니라, 챗GPT가 주도적으로 바꿀 수 있는 지배의 힘을 키워 가고 있다. 매개자로서 정보의 의미나 물질의 특성을 바꾸기도 하고 네트워크 내의 관계를 재구성하는 변화를 멈추지 않는다. 이러한 과정에서 인간의 선택권이 점점 더 박탈되는 지배로 이어지면 우리는 그러한 기술을 위험으로 생각하지 않을 수 없다. 생성형 AI 기술에 대해 비인간 개체의 행위를 이해하는 방식이 달라져야 한다는 것만이 아니라, 새로운 권력의 등장이라는 현실이 눈앞에 펼쳐질 수 있다.

참고문헌

김환석(2001). "STS(과학기술학)와 사회학의 혁신: 행위자-연결망이론(ANT)을 중심으로", ≪과학기술학연구≫, 1(1): 201-234.

Callon, M., et al.(2009). *Policies of Nature: How Science Has Taken Democracy and How Democracy Can Take It Back*, Cambridge: The MIT Press.

Latour, B.(1987). *Science in Action: How to Follow Scientists and Engineers through Society*, Cambridge: Harvard University Press.

Latour, B.(1991). *Nous n'avons jamais été modernes: Essai d'anthropologie symétrique*, La Découverte, 홍철기 옮김(2009), 『우리는 결코 근대인이었던 적이 없다』, 갈무리.

Latour, B.(2005). *Ressembling the Social: An Introduction to Actor-Network Theory*, New York: Oxford University Press.

Law, J.(1992). Notes on the Theory of the Actor-Network. Ordering, Strategy, and Heterogeneity. *Systems Practice, 5*(4), 379-393.

10
문화권력으로서 챗GPT와 미래

챗GPT는 문화 자본의 형태로 인간과 기술의 상호작용에 따라 우리의 삶에 지속 가능한 개입으로 일상적 힘을 행사하는 권력이 될 수 있다. 여기에는 인간 능력을 높이며 우월한 위치에 서게 될 것이라는 낙관론적 입장과 인간 감정, 가치 등 인간만의 특성을 대체하기 힘든 데서 오는 사회적 위험을 마주할 것이라는 비관론적 입장이 있다. 따라서 챗GPT의 일상화 시대는 그 영향력을 이용하면서도 경계할 줄 아는 태도가 필요하다.

종교와 AI?

문화 자본으로서 기술

문화 지배는 강제력을 동원하지 않으면서 사회적 의미나 가치를 정당화해 다른 사람들을 추종자로 만든다. 물리적 강제 없이 문화의 힘으로 사회의 통제권을 유지하는 것이 문화권력이다. 권력의 개념이 다양하게 나타나듯 문화권력도 그 사회의 가치나 규범에 따라 변화하거나 도전을 받는다. 즉 문화권력은 사회적 구성물로 시대와 맥락에 따라 달라질 수 있다. 이러한 변화는 새로운 가치나 규범뿐만 아니라 기술의 발전도 그 요인으로 작용한다.

문화권력은 문화 자본이라는 비물질적 자원을 통해 행사된다. 비물질적 자원은 특정 집단의 상징으로 드러나는 언어, 이념, 지식, 믿음 등도 있지만 기술을 다루는 능력과 기술에 대한 신뢰도 포함된다. 챗GPT가 사람들의 주목을 끌고 몰입하게 만드는 것은 기술에 대한 액세스의 편리함과 상호작용의 만족감에 있다. 이는 일상적 삶을 지배하는 실천 행위로 개인의 능력을 높이는 자원이 된다.

사람들이 챗GPT에 몰입하는 것은 직접 참여할 수 있는 대화형 챗봇이기 때문이다. 또한 사이버 공간에서 얻을 수 있는 정보의 기계적 답변이 아니라 보상과 강화의

러닝으로 질문자의 의도와 상황을 고려한 답변을 제시하는 상호작용 때문이다. 이러한 상호작용은 인간의 사고와 욕망을 충족하면서 개인의 인지적 능력과 생활 습관에 자리 잡게 된다. 챗GPT가 우리 삶에 일상화되면 부르디외가 말한 문화 자본 가운데 체화된 문화 자본(embodied cultural capital)의 형태가 된다. 체화된 문화 자본은 개인이 습득한 지식, 취향, 능력, 습관 등으로 몸에 체화된 문화적 능력과 성향을 말한다. 따라서 챗GPT를 자연스럽게 이용하는 것은 문화 자본의 체득으로 인간 능력을 확대하는 것이다. 인간이 챗봇과의 연결망 속에 영향력을 갖는 것은 인간과 기술 모두 권력의 질서에 자리한다는 의미다.

연결망 속에 나오는 권력은 새로운 권력이다. 네트워크 통치에 의한 협력, 집단 지성, 공유를 기반으로 하는 권력을 제러미 하이먼즈와 헨리 팀스는 신권력으로 보았다. 초연결된 네트워크, 즉 사회적 연결망이 넓은 연결자로 이루어진 세계적인 네트워크를 신권력이라 했다. 챗GPT는 수많은 매개변수를 동원한 기술로 데이터의 정보를 이용자 욕구에 맞게 제공함으로써 새로운 영향력이 된다. 일종의 네트워크 연결망의 기술을 동원한 챗GPT도 권력이다. 네트워크를 이용한다는 점에서 출발은 같지만, 신권력은 사회적 연결망을 근간으로 하고 챗GPT 권력은 매개변수의 동원을 근간으로 한다는 점에서 차이가 있다.

네트워크 권력

인터넷에 초연결된 네트워크 권력인 신권력의 원동력은 연결 그 자체다. 신권력의 진가는 자신의 아이디어를 공유하고 확산하면서 이를 바탕으로 더 나은 아이디어를 제시하는 사람에게 보상해 일어나는 협력의 강화에 있다. 특정 위치의 개인이나 집단이 지배-피지배의 관계로 불균형적 힘의 배분에 노출된 이전의 구권력 경쟁 모델과는 다른 것이다. 그렇다고 해서 네트워크로 연결된 인터넷 권력을 모두 구권력과 다른 신권력으로 보는 것은 무리다.

인터넷에 초연결된 네트워크 권력의 경우, 스타를 중심으로 형성된 팬덤 현상만 하더라도 문화 자본을 소유한 아이돌이나 유명 가수 혹은 스타의 카리스마적 지배에 의한 비대칭적 관계를 답습한다. 이는 조직과 리더를 중심으로 꾸려 나가는 형태로 구권력의 모습을 견지하고 있다. 초연결된 네트워크에 기반한 사회 관계망을 중심으로 자발적 영향력을 보여 주는 신봉자들과 추종자들이 있긴 하지만 스타와 팬이라는 비대칭적 힘의 관계에서 나온 구권력 모델을 그대로 보여 주고 있기 때문이다.

네트워크 권력인 신권력은 카리스마적 성향의 스타와 팬덤 그리고 인플루언서와 같은 인물을 중심에 놓고 보면 영속적인 영향력을 기대하기는 어렵다. 그들의 존재 자체가 영속적이지 않기 때문에 지배는 비일상성을 띤다. 그러나 챗GPT 권력은 인터넷의 초연결된 네트워크 속에서 수많은 개인들이 연대해 이루어진 특정 문화 자본을 이용하는 것이 아니다. 생성 AI에 기반한 챗GPT는 비인간 개체로 인간과 기술의 상호작용에서 일어나는 힘을 기대한다. 비인간 개체의 AI가 만든 권력은 이전과 달리 일상적 지배로 일상성을 갖는다는 의미다.

비인간 개체 AI는 다양한 인간 삶의 활용에 전면적인 지속 가능한 개입으로 활약한다. 즉 인간 행위자와 비인간 개체의 연결망으로 인간 욕구의 만족을 앞세운 사회 실재를 지속 가능한 전체로 묶어 준다. 인간은 새로운 행위자 네트워크 연합체로서의 모습을 상정하면서 챗봇에 기대하는 부분이 있다. 마찬가지로 챗GPT와의 상호작용에서 챗봇과의 자연스러운 대화에 높은 기대를 갖는 사람들은 비인간 개체 AI에 순응하는 위치에 있게 되어 그 자체 일상적인 힘으로 받아들일 수 있다.

기대

챗GPT에 대한 기대에는 극명하게 엇갈리는 두 입장이 있다. 단순화하면 인간-기술의 연합체에 대한 낙관론과 비관론의 입장이다. 챗GPT가 인간의 다양한 분야에 긍정적인 영향을 미칠 것으로 예상하는 신호도 있지만, 동시에 부정적 영향에 대한 우려도 존재한다. 챗GPT 같은 생성형 AI에 기반한 챗봇의 개발에 메타 기업들은 경쟁적으로 나섰다. 챗GPT는 매개변수가 1,750억 개인 초거대 AI로 출현했지만, 후발 주자들은 더 많은 매개변수로 개발하고 있다. 중국판 챗GPT인 바이두의 '어니 3.0 타이탄'은 대화형 매개변수가 2,600억 개이며, 한국판 챗GPT인 네이버의 '하이퍼클로바'는 매개변수가 2,040억 개다. 이러한 경쟁 속에 챗GPT는 카리스마를 지닌 인간처럼 능력을 발휘했다가 사라지는 것이 아니라 인터넷 플랫폼에 계속 남아 그 능력이 진화할 것으로 전망된다.

챗GPT에 대한 긍정적인 입장은 포스트휴머니즘의 관점에서 접근한다. 이는 새로운 변화와 가능성을 둘러싸고 과학과 기술에 희망을 걸어 포스트휴머니즘을 내세운다. 인간의 능력을 뛰어넘는 과학기술에 대한 믿음을 근거로 현재의 인간 능력을 급진적으로 증가시키는 데에 과학과 기술이 중요하다는 입장이다. 인간이 미래의 변화와 도전에 적응하고 극복하는 데서 신기술의 역할을 강조한 것이다. 컴퓨터가 인터넷이라는 네트워크 망을 통해 순식간에 역사의 전면에 정보사회라는 이름으로 자리한 것은 과학기술의 낙관론을 반영한다는 주장이 있다. 이러한 주장은 니컬러스 네그로폰테(Nicholas Negroponte), 조지 길더(George Gilder) 등이 오래전 과학 기술에 대한 긍정적 자세의 연장선에서 본 것과 같다. 디지털 세상 자체가 주는 기술에 인간과 문화를 결합한 네그로폰테의 인간애적 입장과 네트워크와 통신기술의 발전이 경제 성장만이 아니라 개인 생활에까지 긍정적인 영향을 준다는 길더의 입장을 반영한 것이다.

챗GPT에 대한 낙관론은 컴퓨터의 인터넷 연계성을 지닌 '텔레코즘(telecosm)'이라는 개념으로 생각해 볼 수 있다. 이는 컴퓨터 속의 CPU보다 컴퓨터들이 연결되었을 때 발생하는 힘이 더 중요하다는 것과 연관된다. 조지 길더가 1989년 『마이크로코즘(Microcosm)』에서 부와 권력의 원천이 아이디어와 기술에 있다고 선언한 이후 2003년에 '텔레코즘'의 패러다임을 내놓았다. 이 패러다임에서 인간은 네트워크 환경으로 제약 없는 자유를 누리며 우월한 위치를 점했고, 인공지능은 인간의 이해로는 알 수 없는 초지능의 능력을 가진 것으로 보았다. 그렇다면 진화한 기술인 생성형 AI는 딥러닝에 기반한 인공지능으로 더 큰 희망을 그리게 된다. 내 욕구를 나보다 먼저 정확하게 알고 제시하는 기술인 생성형 AI는 인간의 입장에서 장미빛 미래인 것이다.

우려

챗GPT에 대한 우려들이 있다. 기술의 영향력이 일방적으로 사회를 변화시킨다는 것만이 아니라 기술 자체가 주는 위협에 대한 우려다. 이는 기술결정론에 대한 논거들을 부정적으로 부각하는 데서 시작한다. 여기에는 기술 자체가 나쁜 것이 아니지만 사회적 맥락에 따라 부정적 영향력을 미칠 수 있다는 고려를 드러낸다. 『사피엔스(Sapiens: A Brief History of Humankind)』의 저자 유발 하라리는 인공지능이 인류의 전면적인 변화를 불러올 기술임을 인정하면서 기술과 인간성의 관계에서 챗GPT를 부정적으로 본다. 그의 주장은 크게 세 가지다.

첫째, 기술적 한계로 인공지능이 인간의 사고와 감정을 완전히 대체할 수 없다는 주장이다. 챗GPT는 언어 기반 기술로 인간의 지각적, 감성적, 도덕적 측면을 충분히 이해하고 대응할 수 없다는 것이다. 둘째, 인간의 의미와 가치에 관한 것으로 인간의 창의성, 직관, 상상력 등의 특징을 강조한다. 챗GPT는 인간의 독창성과 창의성을 대체할 수 없다는 의견이다. 셋째, 사회적 영향과 위험에 관한 것으로, 인공지능 사용으로 나타나는 사회적 영향의 부정적 면을 지적한다. 챗GPT는 일자리 문제, 진실의 문제, 프라이버시 문제 등을 일으킬 수 있다. 이 같은 주장은 최근 인공지능 경계론이 대두되고 있는 것과 같은 맥락에서 이해할 수 있다.

챗GPT와 같은 AI 모델은 질문에 마치 대화하듯 질문자의 상황에 맞춰 서비스를 제공한다. 단순히 콘텐츠를 검색해서 결과만을 보여 주는 것이 아니라 질문자의 문맥을 기억하고 강화해 맞춤형 생성으로 답을 주는 서비스가 그 핵심이다. 그러나 맥락에 관련이 없거나 사실이 아닌 내용을 질문자의 의도인 양 해석해 마치 옳은 답처럼 내놓는 혼돈이 존재한다. 따라서 생성형 AI는 버젓이 거짓 정보를 내놓기도 한다. 이는 확률적으로 높은 데이터를 반복해서 질문자에게 제공하면서 생긴 결과다.

인터넷의 네트워크에 기반한 신권력이 개인들의 전체적인 참여가 확대되면서 나온 것이었다면, 챗GPT의 권력은 이용자들의 참여가 아니라 그 자체로 기술과 연결된 비인간 개체로서 사람들에게 행사하는 영향력에서 나온다. 인간이 아닌 기술이 미치는 독자적인 영향력이다. 또한 그 영향력이 잘못 학습된 데이터를 기반으로 한다면 더 위험하다. 생성형 AI의 환경은 이래저래 예상치 못한 방식으로 많은 사람들의 삶에 미치는 파급력을 예상하게 된다. 결국 미래에 챗GPT 이용에서 맞닥뜨릴 수 있는 뒤틀린 AI에 대응할 수 있는 지혜도 함께 갖춰야 할 필요를 제기하게 된다.

참고문헌

Bourdieu, P.(1979). *La Distiction: Critique sociale du judgement, Les Éditions de Minuit*, 최종철 옮김(2005), 『구별짓기: 문화와 취향의 사회학(상 · 하)』, 새물결.

Gilder, G.(2000). *Telecosm: How Infinige Bandwidth will Revolution Our World*, The Free Press, 박홍식 옮김(2004), 『텔레코즘』, 청림.

Negroponte, N.(1995). *Being Digital*, Alfred A. Knopf, 백욱인 옮김(1995), 『디지털이다』, 박영률출판사.

Sejnowski, T. J.(2018). *The Deep Learning Revolution*, MIT Press, 안진환 옮김(2019), 『딥러닝 레볼루션: AI시대 무엇을 준비할 것인가』, 한국경제신문.

박창호

숭실대학교 정보사회학과 교수다. 영국 헐 대학에서 사회학 박사학위를 받았다. 저서로는 『사이버공간의 사회학』, 『인터넷을 넘어선 사회학』, 『디지털 네이티브의 사회적 시간은 짧다』, 『가짜뉴스의 사회학』 등이 있으며, 편저로는 『대중문화와 문화산업』과 번역서로 『사회학적 방법의 규칙들』, 『사회학적으로 생각하기』, 『지식논쟁-포스트모던 시대의 사회이론』 등이 있다. 인터넷 공간인 사이버 사회의 변화와 이에 적응하는 인간 삶의 양태에 대한 주제를 사회학적 시각으로 조망하는 것이 주요 관심 분야다.